さようなら！福沢諭吉 Part 2

――なぜ、いま福沢が問題なのか？

JN171388

安川寿之輔
雁屋哲
杉田聡

花伝社

さようなら！福沢諭吉Ｐａｒｔ２──なぜ、いま福沢が問題なのか？◈目次

＊本文中の「全集」は、岩波書店刊行の『福沢諭吉全集』を指す。

はじめに

二〇一一年の起草以来、待望久しかった雁屋哲の福沢諭吉批判本が、当初予定した『二年C組特別勉強会福沢諭吉』から『マンガ・まさかの福澤諭吉』（遊幻舎、シュガー佐藤・画）に書名を改めて刊行も確定し、杉田聡の『福沢諭吉と帝国主義イデオロギー』（花伝社）の出版も、間に合いそうということで、二〇一六年一二月四日午後、私たち三人＝安川寿之輔・雁屋哲・杉田聡は、明治大学アカデミーホールにおいて、「一万円札から福沢諭吉の引退を求める三者合同講演会」〈日本の「近代」と「戦後民主主義」〉を開催した。

たいへんご多忙の高嶋伸欣さん（琉球大学名誉教授、安川の『福沢諭吉のアジア認識』（高文研）執筆の契機となった「高嶋＝横浜教科書訴訟」原告）が、集会の実行委員長・兼司会の大役を引き受けてくださり、後記の四〇名余の皆さんが実行委員となって、集会の準備と運営を担っていただいた。本書は、一昨年一二月の名古屋の合同講演会の記録・花伝社ブックレット『さようなら！　福沢諭吉』（好評で、僅か一か月で二刷になった）に続く、昨年一二月の東京合同講演会の講演記録のＰａｒｔ２である。

一億三〇〇〇万部の『美味しんぼ』（小学館）の雁屋哲の集客力への安川の勝手な期待から、無理して広い会場を用意したが、準備着手の遅れや予告の記者会見のセッティングのミスもあり、参加者の実数は三五〇名余にとどまった。

しかし、中味はたいへん充実した講演会になった。

①当日、記念の二割引きの書籍販売をしたが、三五〇余名の参加者が総数四一二冊もの本を購入された。私の体験からは異例の数字である。その九割の三七〇冊が、三人の福沢諭吉関係図書であった。雁屋哲『マンガ・まさかの福澤諭吉』一四〇冊を筆頭に（用意した一〇〇冊が完売となり、四〇冊は追加注文）、杉田聡の新著『福沢諭吉と帝国主義イデオロギー』五〇冊も完売し（ほかに『天は人の下に人を造る』（インパクト出版会）一一冊、『福沢諭吉　朝鮮・中国・台湾論集』（明石書店）六冊）、安川の用意した新著『福沢諭吉と丸山眞男』（高文研）増補改訂版一三冊も完売した（他の福沢本四種二三冊、ＤＶＤ三セット）。残りは、三人の福沢共著で、花伝社ブックレット『さようなら！　福沢諭吉』四七冊を筆頭に、ミニコミ誌『さようなら！　福沢諭吉』創刊準備号の合冊本二四冊、機関誌『さようなら！　福沢諭吉』創刊号一六冊、第二号一八冊の計一〇五冊が売れた。

②また、三五〇余名の参加者が一一五通ものアンケートを書いてくれた。これも異例の多さであろう。「素晴らしい講演会でした！」「感銘した!!」「新鮮であった」「いずれも明快、よくわかりました」「目からウロコが何枚も落ちました（同じ「目からウロコ」という表現を五人が使用）」「誘ってくれた友人に感謝」「恥ずかしながら、これまでの無知・誤解、歴史認識を改めることが出来た」「日本史の教師であった者としては、己の不明を恥じるのみ」「（安倍内閣の）悪政の根っこが見つかったことは大収穫」「どの方のお話も痛快!!でした」「生涯最高の講演会でした」「長い三時間余のはずが、あっという間のひと時でした」「家に帰ってしっかり復習します。重いくらい沢山の本を購入した」などと、圧倒的に好意的な感想を沢山の方が綴ってくれました。

もちろん、若者の参加の少なさへの嘆きを書いた方（二人）、三人の合同講演の時間的制約は承知しながらも、早口への注意（二人）、質疑応答の時間も欲しかったという、もっともなご意見も当然ありました（五人）。

参加者十数人からの翌月の安川宛の賀状の添え文でも、慶應大の卒業生からの「昨年の講演会はよかったです。出席した友人達は皆、目からウロコだと言っておりました。明大のまわりに『ウロコ』がゴロゴロしているでしょう」をはじめ、「迫力ありました」「すばらしかった」「感銘深い集会でした」「満席にはなりませんでしたが大変すばらしい会になりました」「明大の講演会の成功をよろこんでいる一人です」等とありましたが、実行委員のお一人から「反省会はしないのか」というお叱りがありました。なお、アンケート中で一番長く沢山のコメントを書いていただいた方の感想を、ほぼ全文紹介します（筆者は一橋大学名誉教授。ご本人の転載の了解を得ました）。

★福沢が「ヒドイ」ということは、薄々聞いてはいましたが、これほどとは驚きです。本当に「体系的な帝国主義イデオローグ」だと確信しました。

★同時に〈真実は勝利する〉という前向きの印象も受けました。

★「（東京帝国大学という）『官学の権威』などというものに、自分の思考を縛られてはならないのだ」という、反省的かつ自己覚醒的な強い認識と決意を持ちました（この方は東大卒）。

★何度か、大学での講義で、「明治日本のカリキュラム政策が、今日まで続く、（私を含めた）日本人のアジアの人々を、どことなく『一段下』に見るような心性（メンタリティー）の源を国家として創作してきた」という趣旨の話をしてきました。

★安川さんのお話は明快・痛快／杉田さんのお話は現代日本への警鐘乱打／雁屋さんのお話と『マンガ・まさかの福澤諭吉』上下本は、ビジュアルで明解なわかり易さ、アピール力。

★（複数の大事な仕事を抱えていたのに無理して）本日、この研究会に参加して、喜び、勇気、また「この真実を広めたい」という熱意につながりました。司会進行者を始め、お世話して下さった方々に心より感謝します。

③当日、三人は、より多くの参加者の場合に備えて、各八〇〇部の講演レジュメを用意していた。ところが、多くの参加者が友人・知人に見せたいということで、帰途、受付に寄って、残り約四五〇部の余りのレジュメをすべて持ち帰られたことも意外な出来事であった。

以上のことなどを身びいき的に解釈すると、多くの参加者が、講演を聴いて、福沢諭吉についてもっと学び、考えてみたい、さらには（何人かがアンケートにそう書いていたように）その新たな知見を友人・知人に伝えたいという意欲をかなりかきたてられた、と理解してよいだろう。そう考えることで、今回の講演会も、ひとまず「成功だった」と評価したい。

集会実行委員メンバー

石川求（首都大学東京教員）　伊勢弘志（明治大学教員）　岩上安身（IWJ代表）　内田雅敏（弁護士、一〇〇〇人委事務局長）　梅田正己（高文研前代表）　浦田賢治（早稲田大名誉教授）　久冨善之（一橋大名誉教授）　黒古一夫（文芸評論家）　黒田貴史（『現代の理論』編集）　小林哲夫（「思想の科学」）　佐藤広美（東京家政学院大教員）　清水寛（埼玉大名誉教授）　辛淑玉（のりこえネット共同代表）　鈴木望水（「公共空間X」同人）　芹澤昇雄（中帰連平和記念館）　高野邦夫（不戦兵士・市民の会副代表理事）　高橋武智（わだつみ会代表）　田代美江子（埼玉大教員）　谷口和憲（『戦争と性』編集）　鄭香均（都政外国籍差別訴訟原告）　寺尾光身（朝鮮女子勤労挺身隊訴訟を支援する会共同代表）　戸塚省三（遊幻舎）　仲内節子（鉄の造形・戦死者のメッセージを広める会）　中野敏男（東京

外語大名誉教授）中川信明（靖国天皇制問題情報センター通信）橋本進（ジャーナリスト）原田章弘（朝鮮人強制連行調査団）平田勝（花伝社代表）平野英雄（わだつみ会）深田卓（インパクト出版会）前田朗（東京造形大教員）真鍋かおる（高文研）松村高夫（慶応大名誉教授）水澤寿郎（慶応大卒業生）森脇靖彦（不戦兵士・市民の会事務局長）山田朗（歴教協委員長、明治大教員）山家悠紀夫（暮らしと経済研究室）芳永克彦（弁護士）米田俊彦（お茶の水女子大教員）渡辺厚子（「日の丸」起立拒否裁判原告）李誠司（実業家）李洋秀（日韓会談文書全面公開求める会役員）

賛同団体

歴史教育者協議会　子どもと教科書全国ネット21　教科書・市民フォーラム　女たちの戦争と平和資料館　日中友好8・15の会　日本平和委員会　撫順の奇蹟を受け継ぐ会

明治大学の会場借用については、同大学の山田朗（歴教協委員長）さんと伊勢弘志さんに特別にお世話になりました。広い会場での当日の集会の運営には、実行委員の皆様以外に、事務局を担当された森脇靖彦さんをはじめ「不戦兵士・市民の会」の皆さん、黒沢文子さんと「リシードナウ」の皆さん、遊幻舎、花伝社、高文研、インパクト出版会の皆さんに手伝っていただきました。あつくお礼を申しあげます。

二〇一七年三月

安川寿之輔

第1章　いま福沢諭吉を語るふたつの理由

雁屋　哲

「大日本帝国」と福沢諭吉の関係

なぜ、いま福沢諭吉のことを語らなければいけないのでしょうか。

第一の原因は、現在の日本を戦前の「大日本帝国」に戻そうという動きが強くなっているからです。安倍首相を中心に、周りにいる「日本会議」関係の人たちもどんどん戦前回帰の動きを強めています。

例えば安倍首相は、集団的自衛権の行使を認める「安全保障法案」を成立させました。集団的自衛権というのは、明らかな憲法九条違反です。小林節・慶應義塾大学名誉教授も「憲法九条二項で軍隊と交戦権が与えられていない。仲間の国を助けるために海外に戦争に行くことは憲法九条違反だ」とはっきり指摘しておられます。

二〇一六年一一月二一日「朝日新聞」朝刊には「『駆けつけ警護』付与、ＰＫＯ　新任務、パパが、息子が行った」という記事と、子どもを抱き上げる自衛隊員の写真が載りました。この記事は、戦前の新聞でたくさん掲載された「出征兵士を激励する紙面」とどう違うのでしょうか。日本は、そういう時代にまた戻ってしまいました。

けれども、天皇を中心とする「大日本帝国」と福沢諭吉と、いったい何の関係があるのだろうとみなさん不思議に思われるかもしれません。

一般的にみなさんは、福沢諭吉について『学問のすすめ』の冒頭文「天は人の上に人を造らず、人の下に人を造らず」という文句だけを覚えて、それを福沢諭吉自身の思想だと思い込んでいます。福沢諭吉は「民主主義の先駆者だ」として尊敬されていますが、第2章で安川寿之輔先生がお話ししているように、それが虚像であることは明らかです。

福沢諭吉は民主主義者などではありません。彼には「大本願」がありました。福沢諭吉『福翁自伝』の中には彼の「大本願」が書いてあります。それは、日本を「兵力の強い国にすること」、「商売繁盛の国にすること」、そして常に主張していた「国権皇張」という言葉です。

「国権皇張」

「皇張」というのは、武力をもって、自分の国の権力を他所に延ばそうとすることです。要するに、日本の権力を外国に広げること、即ち侵略です。

二〇一三年安倍晋三首相は施政方針演説で、「強い日本を創る」と言い、「一身独立して、一国独立する」と『学問のすすめ』の言葉を引用しました。

演説の途中で、「『強い経済』を取り戻します」とも言っていますが、憲法を無視した「安全保障法制」をつくった人が「強い国」と言えば、福沢諭吉の言った「兵力の強い国」「商売繁盛の国にする」、その大本願と同じわけです。

安倍晋三は「集団的自衛権」「駆けつけ警護」などでアメリカ軍に加わり、利権のおこぼれを貰おうとしているのではないかと思われます。いくら安倍首相がアメリカの忠実な飼い犬であるとしても、タダ働きをするはずはありません。何か狙いがあるはずです。それが利権のおこぼれを貰うことによって、「日本の力を拡げる・国権皇張」なのではないかと疑うこともできるでしょう。

安倍首相や日本会議の人たちは、「大日本帝国」の時代に戻りたいという気持ちが強い。どうしてそんなことになったのかは、第4章で説明します。

福沢諭吉の思想はいまも生きていて、現実に政治を動かしています。特に安倍首相など政治の支配者たちは、福沢諭吉の思想に同感し、その通りに動いています。昔の時代に逆行していこうとする現代において、もう一度福沢諭吉の思想を考える必要があるのではないでしょうか。福沢諭吉を考えることで、戦前に回帰するいまの雰囲気を、少しでも抑える、ひっくり返すことができるのではないでしょうか。現在、福沢諭吉の思想を学ぶというのは大事なことなのです。

大企業優先による貧窮

それから、いま福沢諭吉のことを語らねばいけない理由の二つ目は、日本は大企業中心の社会であって、大企業が栄えるためには貧しくなる人があっても仕方がないと言われているからです。このような考え方を説いたのも、また福沢諭吉なのです。

福沢は一八九一年四月二七日の時事新報に書いた「貧富論」の中で、次のように言っています（第一三巻九三ページ、引用は著者が読み下したもの、以下同）。

「そもそも開国した国は鎖国の国と異なる。既に国を開いて海外と文明の勢いを争い競争する中で国

『マンガ・まさかの福澤諭吉』（遊幻舎、2016 年）

家の生存を計るためには、国内の不愉快を心配するひまはない。たとえ、国民の貧富の差が開き苦楽が相反する不幸があったとしても、それには目をつぶって忍び、大富豪をますます富ませ、対外国との商戦に備えて不覚をとらないように工夫することが今日の急務であり、識者（福沢のこと）が飽くまでも奨励するところである」。

この文章ではっきりと読み取れるのは、国民の貧富の差が開き、少しぐらい苦労があっても目をつぶろうという意志です。

明治以降の政府は、福沢諭吉の言ったとおりの政策を採用して、大企業を育成しました。つまり工場で働く人間の人件費を低く抑え、ギリギリの生活をするように明治政府が政策を進めてきたということです。それで結局どうなったのかは、明治時代の低賃金労働者の生活が物語っています。これは全部、私のマンガ『まさかの福澤諭吉』（遊幻舎、二〇一六年）からとったものなので、私の本を買ってもらえば全部読めますよ

この本の中で印象的な
場面があります。
一つの布団を、
昼間勤務の女工と
夜間勤務の女工が
共同で使うことが記されています。
昼間勤務の女工が労働を終えて
部屋に戻ると、それまで寝ていた
夜間勤務の女工が起き出す。
昼間勤務の女工はその布団に寝るのです。
これでは冬でも布団が冷えることがない。
『マンガ・まさかの福澤諭吉』上巻 259ページ

（笑）。

『マンガ・まさかの福澤諭吉』の上巻二五九ページでは、細井和喜蔵『女工哀史』の「冷えることのない布団」というエピソードを紹介しています。細井和喜蔵は実際に紡績工場で働いたこともある人です。

女工は昼番と夜番に分かれていて、昼番が働いている時に夜番の女工は眠っています。夜になり昼番の女工が戻ってくると布団に入る。「冷えることがない布団」と言うと何かいいもののように聞こえますが、実は長時間労働の女工たちがひとつの布団を交換に使っているという、実に無残な話をしているわけです。

「ブラック社会」

大企業が栄えるためには貧しくなる人があっても仕方がない、と福沢諭吉は説きました。

今の日本の社会も大企業優先の社会であって、国民の貧富の差が開き、貧しい人が出ても構わないといった雰囲気があります。その社会構造は、きちんと捉えられていません。

最近「ブラック企業」という言葉を良く聞きます。「ブラック企業」という言葉は非常に情緒的な言葉であって、その企業だけが労働者をこき使う、企業倫理を欠いた特別に悪い会社のように思わせますが、実は国全体が「ブラック化」しているのです。

低所得階層がどんどん増えている一方で、ほんの一部の人が何千億ものお金を抱えている。大企業優先で、貧しい人が出ても構わない社会を「新自由主義」と言いますが、「今」だけ、「お金」だけ、「私」だけ――というのが彼らの狙いなのです。それが今の日本の社会になっている。その社会の基本をつくったのは福沢諭吉なのです。

天皇中心で「軍国主義」の大日本帝国を作ったのも、大企業優先の結果社会全体が「ブラック」化してしまったことも、福沢諭吉という一人の人間の責任ではありませんが、福沢諭吉の思想が政府の政策に大きな影響を与えたことは確かです。

福沢諭吉は晩年、明治三〇年（一八九七年）の「時事新報」に掲載された「勲章などは御免」という文章の中で、次のように言っています（全集第二〇巻　四一四ページ）。

「（前略）明治維新前後には日本国中の人がもっぱら私の著書を読んで文明の知識を得たことは紛れもない事実であって、維新政府の新しい政策も私の著書を根拠にして発表したものも多く、暗に政府のおいいい師匠様であったことは、年を取った私の今も忘れられない所です（後略）」

明治政府というのは、薩長の下級武士が（伊藤博文は足軽）、暴力と陰謀で天皇を抱え込んで権力を奪って作り上げたと言われています。

そのような陰謀と暴力が専門の連中なので、明治政府の高官になっても政治を動かす知恵を全く欠いており、一方で知力のあった江藤新平などは、大久保利通にはめられて殺されています。

そんな明治政府の政策を福沢諭吉が後押しし、貧民が出ても構わないという大企業優先の社会がつくられ、それがいまの時代にまで続いています。

いま福沢諭吉を考え直す

いまの時代の社会が抱える大きな矛盾や不安の根底は、福沢諭吉が『貧富論』で言った、

「大富豪（大企業）をますます豊かにし、国民の貧富の差が開き苦楽が相反しても対外国との商戦に備えるために、貧しい者の不幸を堪え忍ぶ」（全集第一三巻　九三ページ）

ことに他なりません。

ですから、福沢諭吉は死んだ人ではありません。その人の思想はまだ生きています。けれど、人が作った物なら、人は作り直せるはずです。福沢の思想を考え直すことで、これからの社会を作り直す道が見いだせるでしょう。そのために、いま福沢諭吉を考える必要があるのです。

第2章　「福沢諭吉神話」とはなにか——神話の創生・解体・消滅の展望

安川寿之輔

Ⅰ　福沢諭吉の有名な言葉についての神話の創生と批判・解体

現在でも近代日本を代表する「偉人」と評される福沢諭吉の思想を代表するものとして、以下の三語句がよく知られています。つまり、

a「天は人の上に人を造らず、人の下に人を造らず（と云へり。）」（『学問のすすめ』冒頭）
b「一身独立して一国独立する」（『学問のすすめ』第三編目次）
c「独立自尊」（『福翁百余話』）

です。これらの言葉の作為的な誤読による神話の創生と、それに対する批判と解体の過程を確認していきたいと思います。

a 「天は人の上に人を造らず、人の下に人を造らずと云へり。」

この有名な語句について丸山真男（東大教授）は、「福沢諭吉の哲学」（一九四七年）の中で「『学問のすすめ』全体の精神の圧縮的表現である」「殆ど福沢イズムの合言葉となっている」（『丸山眞男集』第三巻）と記した他にも、「実にこの著全体を貫く根本主題の提示であるが、……福沢の自然法思想はここに至って全面的な展開を遂げた。」（「近代日本思想史における国家理性の問題」一九四九年、『丸山眞男集』第四巻）とも述べています。

実は、福沢はこの有名な句を「……と云へり。」という「伝聞態」で結ぶことによって、「アメリカ独立宣言」に借りたこの句が自分の言葉でないことを断るとともに、自分はこの万人の自由と平等を主張した天賦人権論に同意・同調していないという二重の重要な意味を厳密に表明していました。

ところが丸山真男は、伝聞態の意味についてはいっさい言及・検討しないまま、つまり、冒頭の句と肝心の『すすめ』の内容が乖離《かいり》し、つながっていないという小松茂夫が指摘した重要な問題をいっさい無視して、冒頭句が福沢自身の主張・宣言であると解釈・主張しているのです。

丸山真男は、敗戦直後の雑誌『世界』（一九四六年五月号、岩波書店）の論文「超国家主義の論理と心理」で一躍「時代の寵児」となり、戦後日本の最高の学者・知識人と見なさるようになります。ほとんどの福沢研究者・学者がその丸山の名声、「学問的権威」に追従・「盲従」した結果、戦後日本の社会では、「天は人の上に……」は、福沢自身の主張した思想であるという最初の「福沢諭吉神話」が出来上がってしまいました。

戦後民主主義時代の日本の中学・高校の社会科の教員も「福沢神話」をそのまま生徒に教えてきたために、この「福沢神話」が国民的常識として定着するに至りました。安川がおこなったアンケートの結果によると、二〇〇〇年代初頭の名古屋大学の新入生のうち九二%が、福沢は「天賦人権論」、つまり人間平等論の主張者であると答えています。

福沢諭吉の故郷の大分県中津市では、JR中津駅にかかっている扁額にも、福沢旧居の史跡案内パンフレットにも、「壱万円札おせんべい」の包装紙にも、すべて「天は人の上に人を造らず、人の下に人を造らず」と書かれていて、重要な文末の「……と云へり。」は省略されています。これはふるさと自慢と町おこしの観点からも無理からぬこととして許容《きょよう》できますが、学者が意図的に重要な語句を無視して「神話」を創作することは、明らかに学問的な逸脱であり、許されません。

事実『学問のすすめ』は、明治の人民が自由や平等に生きてはならないことを主張しています。『学問のすすめ』初編で福沢は「一身の自由を妨げんとする者あらば政府の官吏も憚《はばか》るに足らず」と書いています。ところが、その教えに従って明治初期の農民が実際に「徴兵制（地租改正・学制）」への反対一揆をおこすと、続く第二編においては、政府の「新法を誤解して一揆を起す者……かかる賊民を取扱ふには……是非とも苛刻《かこく》の政《まつりごと》を行ふことなるべし」と弾圧を主張しているのです。

また、『学問のすすめ』で福沢は全国民に義務教育の小学校への就学を勧めたと一般に理解されていますが、実際の福沢の記述において主張されているのは自由な就学ではなく、「仮令《たと》ひ人の身に苦楚《くそ》疼痛を覚へしむるとも、必ず之を行はざる可らず」という「〔専制〕政府の権威によ」って不就学には罰金も科すような強制の義務教育（「強迫教育」）でした。

他にも福沢は、男女同権や「教育の機会均等」などの平等原則に積極的に反対しています。福沢は、「今の世」で「最も恐るべきは貧にして智ある者なり」として、「高尚なる教育は唯富人の所望に任せ……貧人は貧人相応に廉価の教育を得せしむるこそ……社会の安寧の為に大切」と指摘し、高等教育は「専ら富豪の子弟を教るの門」にするように生涯にわたって主張しました。

「人間世界に強弱智愚相匹敵して相親愛するの例は殆んど絶無と云ふ可し。……人間社会の小は一家族の内より大は公衆の交際朋友の間柄に至るまでも、人々の智愚強弱いよいよ懸隔《けんかく》すればいよいよ親愛の情を深くし、之に反するものは衝突を免かれず。……男女の間を同権にするが如き、一切の平均論……其平均は偶《たま》ま以て衝突の媒介たる可きのみ。」（『福翁百話』）

という引用からも見て取れるように、そもそも福沢は、人間を平等にしたら社会がうまく治まらないという哲学まで主張した、その意味で確信犯的な「帝国主義的」差別主義者でありました。

b 「一身独立して一国独立する」（『学問のすすめ』第三編の目次）

丸山は、明治維新当初の福沢が、日本を「国民国家」（＝「一身独立」）にすることと「主権国家」（＝「一国独立」）にすることという二つの課題を見据えていたと理解しています。そして、有名な「一身独立して一国独立する」という語句において、その二つの課題、つまり「民権論と国権論との内面的連関というものが、最も鮮やかに定式付けられ」ていると評価しています（「明治国家の思想」一九四九年、『丸山眞男集』第四巻）。

さらに『福沢諭吉選集』第四巻解題（一九五二年）では、「個人的自由と国民的独立、国民的独立と国際的平等は全く同じ原理で貫かれ、見事なバランスを保っている。それは福沢のナショナリズム、いな日本の近代ナショナリズムにとって美しくも薄命な古典的均衡の時代であった」と結論づけたのです（『丸山眞男集』第五巻）。

「一身独立して一国独立する」という表現は、日本語としてそれ自体がたいへん魅力的な言葉です。丸山が上記のように華麗な言葉で、強調語も頻用し、見事な図式的把握を披露して以来、戦後日本を代表する有名な学者たち――丸山の福沢論を鋭く批判していた服部之総、遠山茂樹、（一時期の）家永三郎、岩井忠熊、加藤周一、ひろたまさき、吉田傑俊らが、「一身独立して一国独立する」について丸山の誤読に追従しました。遠山茂樹はこの語句を「絶対主義的国家意識に対抗する、近代的国民意識を表現した簡潔なテーゼであった」と解釈し、安川の批判を受けて自己批判する以前の家永三郎も、これを「民権の確立の上にのみ国権の確立が可能となる所以」の定式と理解しています。

日本の近代化の基本的方針を提示した代表作『文明論之概略』終章において、初期「啓蒙期」（一八七〇年代）の福沢は、「自国の独立」確保を「最後最上の大目的」に設定し、「一身独立」の課題は「第二歩に」先送りする公約をしています。つまり、維新当初の日本では「先づ事の初歩として自国の独立を謀り、（「一身独立」のような）其他は之を第二歩に遺して、他日為す所あらん」と述べています。

丸山らの致命的な誤りは、「一国独立」と「一身独立」の二つの課題が、福沢の中で「見事なバランス」や「古典的均衡」を保っている、と勝手に誤読したことです。

「一身独立して一国独立する」の本当の意味は、当然ながら『学問のすすめ』第三編の内容に即して、福沢自身が、その定式をどう論じているかに基づいて解釈されるべきです。ここで福沢は、明治の日本の国民（農民）の「一身独立」を可能にする社会的な条件はなにも論じておらず、もっぱら「独立の気力」だけを論じています。

決定的な問題は、福沢の主張する「一身独立」「自由独立の気風」の肝心の中身は、司馬遼太郎『坂の上の雲』にあるような「人、ひとりひとりの独立」や、丸山真男が誤読した「個人的自由」「個人の自由独立」などとはおよそ関係なく、「国のためには財を失ふのみならず、一命をも抛《なげうち》て惜むに足ら」ない「報国の大義」に他ならないということです。つまり、「一身独立」は、「お国のためには命も財産も惜しまない」という国家主義的な報国心を意味しています。

私は『福沢諭吉のアジア認識』（高文研、二〇〇〇年）の序章で、定式「一身独立して一国独立する」は福沢研究史上、最大の誤読箇所だと指摘しましたが、以来一六年余、誰からも異論はありません。

C 「独立自尊」（『福翁百余話』）

丸山は「独立自尊」という語句について、「『独立自尊』の市民的精神のための諭吉の闘争は必然に儒教乃至儒教的思惟に対する闘争と相表裏することとなった。……反儒教主義は殆ど諭吉の一生を通じての課題をなしたのである」（「福沢諭吉の儒教批判」一九四二年、『丸山眞男集』第二巻）と記したほか、「教育勅語の発布に対して、一言半句も『時事新報』で論じておりません。福沢死後《ママ》の『修身要領』にも、そういう教育勅語の忠君愛国的なものは全然でておりません」とも指摘しています（「一九九〇年学士院報告」『丸山眞男手帖』二〇号）。

丸山が創出した「反儒教主義は殆ど諭吉の一生を通じての課題」という認識は、これまた多くの研究者が、そのまま信奉・踏襲した代表的な「福沢神話」です。しかし福沢にとっては、初期「啓蒙期」以来、「君に忠を尽」し「親に孝行」することは生涯自明の道徳であり、晩年の社説「吾輩は寧ろ古主義の主張者」などにおいても「周公孔子の教は忠孝仁義の道を説きたるものにして一点の非難もなきのみか、寧ろ社会人道の標準として自から敬重す可きもの」と主張していました。

丸山の創作した神話を信奉し、「独立自尊」という字面にも惑わされて、宮地正人を代表格として、福沢が「『独立自尊』の市民的精神」「英米流個人主義・自由主義イデオロギー」の提唱者であると主張してきた多くの研究者の神話が破綻したのは、安川『福沢諭吉と丸山眞男』（高文研、二〇〇三年）が「教育勅語」の発布とその内容を積極的に歓迎した「時事新報」社説を初めて紹介して、〈福沢が教育勅語に賛成するはずがない〉という長年の不動の福沢神話の息の根を止めたことによります。もちろん「教育勅語の発布に対して、一言半句も『時事新報』で論じておりません」と記した丸山の誤りも確定しました。

「『修身要領』にも、そういう教育勅語の忠君愛国的なものは全然でておりません。」という主張も、慶應義塾大学教授で、戦後、文相についた高橋誠一郎の証言で破綻しています。制定七〇年後に『修身要領』覆刻の慶應義塾の企画に高橋が反対したのは、『修身要領』前文に「教育勅語の、皇室中心主義の道徳への接近を思はせるもの」があるためでした（『福沢手帖』一〇六号）。

「独立自尊」は一九〇〇（明治三三）年、日清戦争に勝利した新たな時代に向けて晩年の福沢と慶應義塾関係者が作成した『修身要領』の中心的な道徳にあたります。『修身要領』には、福沢の指示で、まず全体を制約する次の重要な前文がついています。

「凡《およ》そ日本国に生々《せいせい》する臣民は男女老少を問はず、万世一系の帝室を奉戴《ほうたい》して其恩徳（＝めぐみ、なさけ）を仰がざるものある可らず。……」

つまり、福沢のいう「独立自尊」というのは、一般にイメージされるような近代的な市民の自主や独立のことではなく、天皇の臣下（家来）としての**臣民**の「独立自尊」のことであり、主君のための死（「教育勅語」）を求められる臣下には、自主独立の精神は無縁の存在です。「臣民の『独立自尊』」というのは、難しい表現を使うと「形容矛盾《けいようむじゅん》」（＝「丸い四角」とか「木製の鉄」のように、本来ありえないこと）にあたります。

福沢自身の「独立自尊」の意味と精神は、以下の引用にある通りです。

「他人に教へらる、に非ず……要は唯自尊自重独立して人間の本分を尽すの一点に在るのみ。……**仁義忠孝の道**……特に之を徳義として特に之を尊重するは、却て人の品行の尚ほ未だ高からざるを表するに足る可し。……独立自尊の本心は百行の源泉にして……君子の言行は他動に非ず都《すべ》て自発なりと知る可し。」（『福翁百余話』第八話）

「自から禽獣《きんじゅう》に異なるを知り……人間の本分に安んずるときは、其霊心の発する所、仮令《たと》ひ自から知らざるも正しく**忠孝**の旨に適して、其人は純粋の忠臣孝子たらざるを得ず。之を独立の忠孝と云ふ。……人たるの本分を忘れず、其本心の指示する所に従ふて自から忠義の道に適するのみ。忠義の心自動にして他動ならざるを知る可し。」（『福翁百余話』第八話）

「我父母は如何なる者ぞと尋れば、我れを産んで我れを養ひ、我れを教へ……我為めにしたる所の恩人にして、……父母に孝行は……人間の高尚至極霊妙至極なる本心に在て存す。……孝行は驚くに足らず、驚く可きは唯不孝のみ。而して此至情の発する泉源は萬物中の至尊又至霊たる人の精神に在て存す。」（『福翁百余話』第一〇話）（＊強調引用者）

もっぱら誤読されてきた福沢の「独立自尊」の意味は、じつは単純明快で、「君子の言行は他動に非ず都《すべ》て自発なり」「忠義の心自動にして他動ならざるを知る可し」とあるように、他者（例えば、教師や親）から教えられてそうするのではなく、人が自ら進んで自発的に「仁義忠孝の道」を実践することを指しています。福沢はそれを「独立の忠」「独立の孝」「独立の忠孝」と表現しているにすぎません。しかもそれは難しい話ではなく、人が「至尊又至霊たる人の精神」「人間の本分」に従って、進んで自発的に実践すれば自ずと「仁義忠孝の道」に通じるというものです。

以上によって、福沢「民主主義」思想の代名詞であった、a「天は人の上に人を造らず、人の下に人を造らず」、b「一身独立して一国独立する」、c「独立自尊」は、すべて福沢自身の本来の意味・主張・思想とはおよそ無関係に誤読され、勝手な「実体をこえた読みこみ」（遠山茂樹）がなされてきた事実と経過が解明されました。また、その誤読と神話の創生がもっぱら丸山真男によってなされてきたことも明らかだと言えるでしょう。実のところ丸山が展開した「福沢諭吉神話」は、福沢に丸山自身の思想を読みこみ反映させた**「丸山諭吉」神話**そのものに他なりません。

そもそも、明治の同時代人の福沢評価は、「法螺を福沢、嘘を諭吉」「生れながらの保守」「毫も抽象的原則又は高尚の理想を有するあらず」などと総じて厳しいのに、戦争責任意識の希薄な「戦後民主主義」時代の福沢評価がおお甘であることにも注目しなければならないでしょう。近年では、丸山の門下生である飯田泰三も、丸山先生の福沢研究が明らかにしたのは福沢諭吉の思想ではなく「丸山諭吉」の思想であるという世評がある、と伝えるようになっています。

Ⅱ　最大の「丸山諭吉」神話は、福沢諭吉＝「典型的な市民的自由主義」者

前節で見たように、福沢の個々の語句に対する丸山の誤読が、福沢研究に大きなマイナスの影響を及ぼしたことは事実です。しかし、戦後日本の福沢研究に決定的な影響を及ぼし、それを制約した最大の福沢諭吉神話＝「丸山諭吉」神話は、丸山が、福沢の政治論の全体像を「典型的な市民的自由主義」と把握したこと

でした。

一・「典型的な市民的自由主義の政治観」

丸山は、福沢自身の「大日本帝国憲法」「教育勅語」評価をなんら考察・分析しないまま、ただ・八九〇年七月の福沢の論説「安寧策」一篇の、それも一部の記述の作為的な引用によって、福沢政治論を「典型的な市民的自由主義の政治観」と結論づけました（「福沢諭吉選集第四巻　解題」『丸山眞男集』第五巻）。

「本来一国の政府たるものは、兵馬の権柄を握て和戦の機を制し、其議定したる法律を執行して国内の治安を保ち、万般の害悪を防て民利を保護するに止まり、……即ち政府の事は都《すべ》て消極の妨害を専一として積極の興利に在らず」（全集第一二巻　四五六ページ）

丸山は、右記の福沢の論説冒頭の「本来」という重要な語句を、勝手に削除して引用し、福沢は「政府の機能をどこまでも『妨害の妨害』に限定する典型的な市民的自由主義の政治観」を表明・主張している、と結論づけました。実際には「本来」という言葉により、以下の議論は欧米先進国の政治に即した「建て前」の議論であることを福沢自身が断っているのに、それを無視したわけです。

その分析に続けて丸山は、「福沢が一貫して力説したのは経済・学問・教育・宗教等各領域における人民の多様かつ自主的な活動であり、彼が一貫して排除したのはこうした市民社会の領域への政治権力の進出ないし干渉であった」と強調し、さらに「福沢の国権論が最高潮に達した場合でさえ、政治権力の対内的限界に関する彼の原則は少しも破られていない」（『丸山眞男集』第五巻　二一四～六ページ）と主張しています。

これは、福沢の生涯の実際の政治思想とはおよそ無関係な、とんでもない解釈・主張です。「信仰の自由」を「洋学者の空論」と嘲笑い、「耶蘇退治の演説会」開催をはじめとして、宗教を生涯一貫して「経世の要具」として熱心に利用した福沢には、「信仰の自由」の擁護や「宗教の領域への政治権力の進出ないし干渉」への「排除」の姿勢はありません。

さらに「出版の自由」（貝原益軒『女大学』の発禁を主張）、「思想、良心の自由」（内村鑑三「教育勅語」拝礼忌避事件への弾圧を黙認）、「学問・教育の自由」（「教育勅語」の発布とその内容に賛成）、「言論・集会・結社・表現の自由」（「保安条例」による民権論者五七〇人の追放を「至極尤《もっとも》なる出来事」と容認）などの、基本的なブルジョア民主主義のすべての自由権に対する明治政府・権力の恣意的な制約・弾圧を容認していた福沢諭吉が、断じて「典型的な市民的自由主義」者でないことは、あまりにも明らかであります。

二・「典型的な市民的自由主義」と「教育勅語」

敗戦後の日本に「民主主義」の思想を紹介し根付かせたいという丸山の啓蒙が、主観的には善意の行為であったとしても、作為的な研究による啓蒙の崩壊と破綻は必然です。

以下、福沢が「教育」という「領域における人民の多様かつ自主的な活動」を歓迎せず、したがって教育への「政治権力の進出ないし干渉」を「一貫して排除」しなかった事実を具体的に論証していきます。

丸山真男は、福沢研究における長年の不動の学問的定説となった福沢諭吉が「典型的な市民的自由主義」者であるという自身の結論に惑溺し呪縛され、福沢が「一貫して排除したのはこうした市民社会の領域（＝教育）への政治権力の進出ないし干渉であった」とか、「教育勅語が発布されたことは、日本国家が倫理的実体として価値内容の独占的決定者たることの公然たる宣言」であるなどと論じ、さらには前記のように、

「教育勅語の発布に対して、一言半句も『時事新報』で論じておりません」という虚偽の学士院報告までおこなってきました。

以上の丸山の主張に加え、福沢が論説「安寧策」を書いた一八九〇年七月が「教育勅語」発布の三か月前であったという事情により、〈「典型的な市民的自由主義」者福沢が（「安寧策」執筆直後の）「教育勅語」の発布とその内容に賛成するはずがない〉という不動の福沢諭吉神話が確立しました。

ところが、「教育勅語」発布五日後の『時事新報』紙には、勅語発布とその内容に積極的な賛意を示す社説「教育に関する勅語」が論説主幹である福沢のチェックを経て掲載されています（『福沢諭吉と丸山眞男』参照）。社説を執筆したのは福沢ではなく福沢の一番弟子の石河幹明記者であるため、当然ながら『福沢諭吉全集』には収録されていません。そのため、この社説の存在は福沢没後百年にわたって認識されなかったわけです。しかし、福沢研究者ならば、福沢の『時事新報』紙が戦前の日本人の精神を支配した「教育勅語」発布をどう評価・報道していたのか、本来ならば、重大な関心をもって探索するはずです。〈福沢が教育勅語に賛成するはずがない〉という「丸山諭吉」神話の強固な支配が既に確立していたので、誰も調査をせず、たまたま「丸山諭吉」神話に疑問を持った安川がこの社説の第一発見者の名誉にあずかったのです。

社説「教育に関する勅語」は、冒頭で教育勅語の発布を「我天皇陛下が我々臣民の教育に叡慮を労《いたずか》せらるの深き」を示すもので、その事実を日本人なら「誰か感泣せざるものあらんや」とまず感激・歓迎の意向を表明しています。その上で、「今後全国公私の学校生徒は時々之を奉読し、且これが師長たる者も意を加へて諄々誨諭《かいゆ》怠らず、生徒をして佩服《はいふく》せし」めて、勅語の「仁義孝悌忠君愛国の精神を……貫徹」させるように要求していました。

これは、もちろん『時事新報』が「教育勅語の発布に対して、一言半句も……論じておりません」とする丸山の虚偽を裏付けるものです。また、丸山のいう「国家が……価値内容の独占的決定」を行った「市民社会の領域への政治権力」のあらわな「進出・干渉」をしているのに、福沢がそれを「排除」せず、逆に歓迎した事実を意味しており、〈福沢が教育勅語に賛成するはずがない〉という「丸山諭吉」神話の破綻と空中分解を論証する出来事でした。

さらにまたこれは、丸山自身が「濃厚な儒教的色彩を帯びた徳目をちりばめた」（『丸山眞男集』第一五巻二一五ページ）という「教育勅語」に福沢が賛成した事実を示しており、前節c「独立自尊」で紹介した「反儒教主義は殆ど諭吉の一生を通じての課題」という「丸山諭吉」神話の虚偽・崩壊をも論証しており、結局、福沢が「典型的な市民的自由主義」者という丸山の福沢論総体の空中分解を告げる衝撃的な事実であります（私が丸山に対してきびしいのは、実は丸山は安川より先にこの社説のコピーを入手し、自らの福沢論総体の崩壊を認識しながら、なんら自己批判の意向を書き残さなかったからである）。

Ⅲ　福沢諭吉神話消滅の展望

一・いま一番福沢諭吉をもてはやす「極右」政治家たち

「平成不況」を転機として保守化・右傾化している現在の日本の社会で、いま一番福沢諭吉をもてはやしているのは、安倍晋三首相を筆頭とする石原慎太郎、平沼赳夫ら「極右」の政治家たちです。

「産経新聞」の論壇「正論」には「今こそ、福沢の『脱亜論』に学べ」（渡辺利夫、二〇一四年一月一〇日）が登場し、国会でも、旧日本軍「慰安婦」問題に関する韓国の日本非難に対して、中山成彬「日本維新の会」衆院議員が福沢の『脱亜論』を引用して国交断絶を要求するなどの議論がまかり通っています。

最も象徴的な事例は、安倍首相の再選後最初の施政方針演説（二〇一三年二月末日）で、冒頭に問題の「一身独立して一国独立する」が引用されたことです。

日本のマスコミは安倍首相の引用の重大性に気づきませんでした。憲法改正によって「国防軍」創設を意図している安倍首相が、「強い日本を創る」と題した施政方針演説の冒頭に、「国のためには財を失ふのみならず、一命をも抛《なげうち》て惜むに足ら」ないという国家主義的な「報国の大義」の定式を引用したのですから、戦争国家創設に向けての力強い宣言であり、重大なニュースとしてマスコミは注目すべき出来事であったはずです。しかもこれは、安倍首相が独断の解散で引用したものではなく、佐藤栄作元首相が「明治百年」の年頭の記者会見で引用して以来、自民党主流にとっては『学問のすすめ』の内容に忠実な解釈を踏襲したものです。その解釈とはつまり、「国家のための死」を当然とする国家主義的な報国心のことです。

「一身独立して一国独立する」という福沢の言葉が「明るい明治」の「健全なナショナリズム」を象徴するという、丸山による誤読が定着していたからこそ、マスコミもその意味に気が付くことができませんでした。その意味でも、戦後日本の社会において「丸山諭吉」神話の果たしたマイナスの戦後責任は重大であると言うことができるでしょう。

「朝日新聞」「ひと」欄に掲載された記事「福沢諭吉像の見直しを唱える……安川寿之輔さん」（二〇一三年一二月三〇日）をめぐる奇妙な体験の裏話を、ミニコミ誌『さようなら！　福沢諭吉』創刊準備一号において紹介しました。

朝日新聞の取材は一一月前半であったものの、安川の研究を評価し取り上げることは丸山の福沢研究を貶めることになるのではないかと、東京本社内では安川福沢論掲載への年来の抵抗があり、取材が後だった

「中日新聞」の「ひと・仕事」欄記事は一二月初旬に掲載されたのに、朝日新聞は取材をした記者から「ボツ」になりそうと伝えられていました。

それが年末ぎりぎりに掲載されただけでなく、「いいひと賞」という社内の月間賞を受賞したという信じ難い逆転事象が生じたのです。福沢を評価・賛美し中国・韓国を排撃する論説や、それを踏まえた国会論戦の登場によって、「朝日」東京本社関係者もやっと「丸山諭吉」神話の問題性に気づき始めたということでしょう。つまりこの「事件」は、マスコミの世界でもようやく「福沢諭吉神話」が消滅の第一歩をたどり始めていることを示唆しているものです。

二・福沢の故郷中津市での講演体験

二〇一三年六月下旬に、長年待望していた福沢諭吉の故郷の大分県中津市で福沢講演をおこなうことができました。かつて諭吉の旧居から徒歩一分の至近距離で生活し『豆腐屋の四季』などを著した作家、松下竜一を偲ぶ「第九回　竜一忌」での講演でした。講演テーマは「日本の近代史を問い直そう――福沢諭吉神話の解体を通して」。「諭吉神話に一石投じる」（「朝日新聞」）などと地元の五紙がそろって予告記事を掲載したこともあり、二〇〇名を超える人が高額の有料講演会に参加してくれました。

諭吉の地元である大分県中津市での講演ということで、反発を気にしていましたが、講演後も地元五紙が写真入りで報道してくれ、「諭吉はアジア侵略の先導者」という見出しをふくめ、「福沢諭吉神話を覆す興味深い講演」、「帝国主義強国を目ざしたアジア侵略戦争の先導者」、「実はアジア侵略と蔑視思想の先導者」、「『脱亜論』などのアジア観が、近隣諸国から蔑視的と批判されている」など、私が語ったことが正確に記事となりました。

そうなったのは、福沢が一九八四年に一万円札に初登場した際、松下竜一が「近隣諸国蔑視者、侵略主義者」の福沢の起用に対し、「毎日新聞」で即座に異議を唱えた稀有な日本人であることを私が紹介したからという事情もありました。五紙の中の一番大きな見出しは、「松下さんの見識『見事』」（「西日本新聞」）でした。

また、「反・福沢諭吉伝」にあたる『疾風の人』（朝日新聞社）の著者の松下が、「『暗闇に耐える思想』を説き、日本の戦争責任に応え、アジアとの和解と連帯の思想を表明し、『底抜けビンボー暮らし』を通した松下さんの評価が、『光輝く人生』を歩んだ諭吉と逆転」しようとしていると私が語ったことも、新聞に掲載されました（「毎日」「西日本」）。

参加者の声としては「あの時代は、やむを得ないのでは、とおもっていたが、それを超える侵略の意識があったのだと分かった」（「朝日新聞」）、「……『学問のすすめ』に励まされて勉強した人も多く、難しい問題ですね」（「西日本新聞」）という声が紹介されていましたが、直接私の話に反発する声はありませんでした。

この例で、何を言いたいのかと言えば、福沢が日本の「偉大な民主主義思想の先駆者」という、戦後日本社会でつくられ今なお強固な社会的常識も、事実に基づききちんと情報を伝えていけば、もともと誤読と作為によって創りあげられた人為的な「神話」である以上、その神話が揺らぎ崩壊・消滅の道をたどることは容易に展望することが出来るということです。

冒頭に触れた二〇〇〇年代初頭の名古屋大生アンケート調査では、「福沢諭吉は『天は人の上に人を造らず、人の下に人を造らず』という人間平等論（天賦人権論）を主張した思想家である」という設問に、九二％の学生が「そう思う」と答えていました。

その後、二〇一〇年の歴史教育者協議会という社会科教員の全国大会で安川が基調講演をおこなったことや、『福沢諭吉のアジア認識』が三刷となって普及したこともあり、二〇一二年以来、埼玉大学の一年生を対象とする大学生アンケート調査の項目に同じ福沢諭吉についての設問を復活したところ、かつて九二％もの大学生が福沢を人間平等の主張者と理解していたのに、二〇一二年にその認識がいきなり半分近くに減り、「そう思わない」学生が三分の一を占め、「わからない」学生が二割近く出るようになりました。

多忙にとじこめられて、近年の日本の教員が新たな教育情報を摂取するのが困難であり、かつ締め付けが進んでいる現状では、その後また「そう思わない」学生が二五％↓一七％へと後退している事実に対してもそれほどの驚きはありません。

今回発売された雁屋哲『マンガ・まさかの福澤諭吉』上下の普及が進めば、今後二、三年の内に福沢を平等論者と「思わない」学生が、また軽く確実に五割をこえることを私は確信しています。

福沢諭吉神話を解体することは、日本の近代史を「明るい明治」と「暗い昭和」に分断する丸山真男＝司馬遼太郎流の二項対立史観を克服して、「明るくない明治」が「暗い昭和」につながったという常識的な見方に戻ることに他なりません。

詳しくは、前回のブックレット『さようなら！　福沢諭吉』（花伝社、二〇一六年）三〇〜三九頁に掲載した〈Ⅲ「明るくない明治」から「暗い昭和」への道のり〉において、日本の帝国主義への道のりを先導していく姿を福沢の思想に内在して具体的に描き出していますので、是非参照してください。

第3章　福沢諭吉の帝国主義イデオロギーと自民党改憲案

杉田　聡

著名な政治思想史家・丸山真男は、福沢諭吉を「典型的な市民的自由主義」者であるとみなしました。そして日本では、ほぼこの線に沿った福沢理解が一般化しています。学校の教科書や思想史関連の書物を見ても、丸山のこの理解から逸脱したものは、ほとんどないように思えます。

福沢は典型的な市民的自由主義者か

しかし、本当に福沢は「典型的な市民的自由主義」者なのでしょうか。

私は、『天は人の下に人を造る――「福沢諭吉神話」を超えて』（インパクト出版会、二〇一四年）という本で、福沢の思想の核心は、福沢の名とともに名高い「天は人の上に人を造らず、人の下に人を造らず」ではなく、むしろ「天は人の下に人を造る、人の上に人を造る」であることを論証しました。これは福沢の思想全般を通覧した上での、「平等」を主眼においた私の解釈です。つまり福沢は、平等を否定した限りにおいて、一般の理解とまったく異なり、「典型的な差別主義者」である、というのが私の結論です。

一方で、丸山が論じたように、「自由」に視点をおく観点で論ずれば、福沢はむしろ自由の制限を当然視する立場にいたと言わなければなりません。後述しますが、福沢は人権概念から自由をおとしたばかりか、言論・報道・集会の自由等の制限を当然視し、信教の自由にいたっては、それを制限せんとする姿勢は前者以上に明確でした。

ではなぜ福沢は自由の制限を当然視したのでしょうか。それは、一面では国内の反体制的な政治の熱を生まないため（そのために福沢は「貧民」には最低の教育以上のものを与えることに反対します）であり、また他面では、対外的な「国権拡張」のために、国民が明治政府の手足をしばる結果になることを避けるためでした。

前者の国内問題は、平等問題に関わります。そのかぎり、『天は人の下に人を造る』であるていど論じました。しかし後者の「国権拡張」という視点に即してみたとき、福沢はどのような思想を展開したと言えるのでしょうか。それを考えるのが、本章の課題です。

私は、福沢は「典型的な帝国主義者」であると判断します。しかも「体系的な帝国主義者」である、と。福沢は、その一生の間にまとまった本はあまり出しませんでした。出したのは、今日言うパンフレットに近いものがほとんどです。

その限り、「体系的な帝国主義者」といっても、福沢がある時期に、まとまった著作で体系的な帝国主義イデオロギーを提示した、と言おうとしているのではありません。そうではなく、後述する『時事新報』という新聞の論説を、長年にわたって書き続けたことで、全体として見れば、たしかに「体系的」と呼べるほどに、帝国主義の多様な契機について論じえた、ということなのです。

そうした意味で、福沢は典型的かつ体系的な帝国主義者であったと、私は判断します。

典型的かつ体系的な帝国主義者

問題となるのは、福沢が中期・後期の思想を展開した一八八〇〜九〇年代です。

一八八〇年代は、世界的に帝国主義の流れが強まった時期です。ちょうどその頃（一八八二年）、福沢は伊藤博文、井上馨ら明治政府の要人の依頼を受けて、政府系新聞を発行する決意をしたものの、いわゆる「明治十四年の政変」でそれが頓挫したために、けっきょく自ら『時事新報』という新聞を創刊することになりました。

そして福沢は、帝国主義的な策動が質的に深化し、また世界中に拡散した九〇年代をへて、没年前年の一九〇〇年まで、一八年間にわたって『時事新報』論説の執筆を続けました。とすれば、福沢は帝国主義的な流れに、何らかの意味で一定の関係を有していたと、容易に想像できます。それは、どのような関係でしょうか。

ヨーロッパからは帝国主義イデオローグ（思想家）がたくさん輩出しましたが、帝国主義思想を広範かつ体系的に論じた人物は、ついに出なかったと私は判断しています。ヨーロッパの帝国主義思想を語るには、帝国主義の個々の契機について論じた個々人をとりあげるしかないようなのです。

しかし福沢は、後発帝国主義国・資本主義国に生きただけに、生涯を通じていわば「体系的な」帝国主義イデオロギーを提示しえた、「典型的な帝国主義イデオローグ」であると判断できます。

ここではまず、一、ヨーロッパに即して帝国主義イデオロギーを、その主たる契機に着目して簡単に説明します。その上で、二、福沢の帝国主義イデオロギーについて論じ、三、最後に現在の問題として、自民党の改憲案を取り上げます。福沢は過去の思想家ではけっしてなく、現在でさえ右派の政治家や論者に有力な語彙と思想を提供し続けています。

一　帝国主義イデオロギー

帝国主義イデオロギーは、いくつもの契機から成り立っています。ここでは、そのうち人種主義と「文明化の使命」論をとりあげます。

人種主義（人種差別・民族差別）

帝国主義的な思想の背景には、ヨーロッパの自己理解があります。自分たちは「文明の域に達した」、というのがそれです。フランスに典型的に見られるように、ヨーロッパ人はかつての「アンシャン・レジーム」（旧体制）を「野蛮」と見なしますが、それと同時に、同時代の他の地域にも「野蛮」を見出しました。アフリカなどに残る「奴隷制」を、あるいはアジアに見られる「非ヨーロッパ的」なものを主たる理由として、それらを「野蛮」と見なす一方で、アジア人・アフリカ人に対し、人種的・民族的な差別意識を持つことになります。その裏返しとして、自らの文明はすべての頂点に立った最高峰のもの、と理解するわけです。

典型的な思想家のひとりは、F・ゴールトンという「優生学」者です。のちに福沢が「遺伝絶対論」において依拠したゴールトンの主著『遺伝的天才』では、黒人やアボリジニー等は、アングロサクソン（白人）より平均的な知的水準がはるかに劣る、と記されています。

日本でも有名な、アフリカで「黒人」のための医療に生涯を捧げたとされるA・シュヴァイツァーさえ、こう言います。

「黒人は子どもである、子どもは、権威をもって臨まないならば、何もできない」。

彼は「白人と黒人とは兄弟である」とも言っています。しかし自分たち白人は「兄」であり黒人は「弟」である、自分たちが黒人を導かなければならない、と言うのです。

「文明化の使命」論

こうした「野蛮‐未開‐文明」という理解と人種主義が一緒になると、黒人その他「野蛮」な状況に置かれたと目される人びとを、「文明化」するのが自らの使命であるという、不遜な発想が生まれてきます。これはすべての帝国主義的な思想、運動や政策を根本的に後おしする考え方です。

『レ・ミゼラブル』で有名な作家のＶ・ユゴーは、一八四九年にフランスで開かれた「第二回国際平和会議」の議長をつとめました。その際ユゴーは、一八四七年のフランスによるアルジェリア征服は「野蛮を踏み倒す文明化」の意味があったと、主張しました。

フランスでもっと影響力のあった人物は、Ｊ・フェリーです。一八八四年に清仏間で戦争が起こり、フランスがベトナムに介入した当時のフランス首相を務めた人物です。翌八五年にフランスがマダガスカルに介入すると、フェリーは国民会議で、

「優れた民族には、劣った民族に対する権利があるのです。……優れた民族には、義務が……劣った民族を文明化する義務があるのです。」

と主張しました。

イギリス人の例をあげましょう。J・R・キプリングは、『少年キム』や『ジャングルブック』といった小説で有名ですが、そのキプリングが、アメリカがフィリピンを占領して以来こう着状態の続く米比戦争（一八九九年）で、アメリカ兵士を意識して、「白人の使命」（The White Man's Burden）という詩を発表しました。そこでは

「白人の責務を果たせ……動揺する蛮族のために……半ば悪魔、半ば子どものために」

という文言がならんでいます。ここでは、先ほどシュヴァイツァーが黒人を「子ども」とみなしたのと同じような発想が見て取れます。そして明瞭に、白人の軍事行動を「文明化」、「使命」（責務）の名の下に、合理化しようとしています。

典型的・体系的な帝国主義イデオローグとしての福沢諭吉

「文明化の使命」論は帝国主義的な策動の典型的な合理化論です。そして、この「文明化の使命」の先に「全人類の幸福」があるのだと、彼らはさらなる合理化を行いました。

前記のように、帝国主義的思想を、全体的かつ体系的に論じ上げた人は、私の調べたかぎり、ヨーロッパではついに現れなかったようです。帝国主義を形成する個々の契機を論じた思想家・文学者・政治家などはいましたし、また政治家・軍人・経済人が帝国主義的な思考を広め、実際に帝国主義的な政策をつくってきたのは確かです。しかし体系的な思想家はいなかったのです。

一方、福沢は後発帝国主義国・資本主義国である日本に生きただけに、帝国主義イデオロギーを体系的に、そして典型的に論じたと言うことができます。そして福沢には、民族差別はもちろん、「文明化の使命」論も、またその先にあるのは人類の幸福だという合理化論も、明瞭に見られます。

特にいちじるしいのは、「文明化の使命」論でしょうか。福沢は朝鮮に政治的・経済的に介入する際、ほとんど常に「文明主義」に立った朝鮮の改革・改良を理由にしましたが（例えば「対韓の方針」①）、典型的な形では「文明化の使命」論は、日清戦争時に、戦争を通じた野蛮国の文明化という論理として現れました。つまり福沢は、日清戦争は、日本が清国の文明化をはかる戦争だと言うのです。同戦争の開始時に公表された「日清の戦争は文野（＝野を文する）の戦争なり」という論説が、それをよく示しています。

もちろん「野を文する」ことなどは、とってつけた合理化論にすぎません。実際は、明治政府は古い条約を拡大解釈して軍隊を朝鮮に送りこみ、その後日清間の条約から撤退を求められても大軍を派兵した手前引っこみがつかなくなり、何らかの成果を上げることなしに撤退できないと判断して清軍を挑発することにし、それもできないとわかると日本陸軍の謀略によって朝鮮王宮を占領し……、そのようにして日清戦争を始めたのです。福沢自身、第三節（3）で見るように、合理化論を二転三転させています。

二　福沢諭吉の帝国主義イデオロギー

「日本＝アジアの盟主」論

ではその福沢は、どのような帝国主義イデオロギーを提示したのでしょうか。

初期の『文明論の概略』（一八七五年②）の中で福沢は、「野蛮・未開（半開）・文明」という図式を用いました。そこで福沢は、この図式や名称は世界で一般に通用しているとも述べています。そして、後にこう論じています（以下、福沢以外の文書を含めて、原文を損なわないかぎり現代語・現代語表記におきかえて引用します）。

「東洋の列国にして文明の中心となり他の魁《さきがけ》をな（す）〔＝先達となる〕……ものは、日本国民でなくて誰であろうか。」（『時事小言』③）

「アジア東方〔＝朝鮮・中国〕の保護は、わが〔＝日本の〕責任と覚悟すべきである。」（同前）

ここで福沢は、「野蛮‐未開（半開）‐文明」の図式を用いながら、日本を他のアジア諸国（朝鮮・中国）と対比させています。しかも、前者は単にアジア列国にあって日本が先進的であると論じただけですが、後者ではアジア諸国の先導が日本の使命だと論じています。つまり、進んだ（文明化した）日本が、「アジアの盟主」として、遅れた（未開・野蛮の）朝鮮・中国への介入を歴史的な使命と見なす、というのです。

一八七六年に日本は朝鮮と「日朝修好条規」という不平等条約を結びましたが、後に福沢はそれを念頭におきつつ、

「私はわが日本国をして朝鮮文明の先導者にしようと欲している……日本は朝鮮の開国を促した第一着手の国であって、その先導者であると自認すべき義務がある……」（「一大英断を要す」④）

と主張しました。ここでは、「責任」よりも重い「義務」という言葉が使われています。

さらに「朝鮮はいぜんとして未開である……最後は武力を用いてでもその進歩を助けよう……」（「朝鮮の

交際を論ず」⑤）と論じて、アジア諸国を盟主として文明化するという使命を果たすためには「武力」が不可欠であることを、明らかにしています。

朝鮮・朝鮮人／中国・中国人の蔑視

一方福沢は、朝鮮や中国、それらの民族に対し、非常に侮蔑的な見解を表明しています。ここには福沢の相手（国）の野蛮視を明瞭に見てとることができます。

朝鮮国に対しては、次のような侮辱的な言葉をなげかけています。

「小野蛮国」、「野蛮国」、「未開」、「腐敗の大病国」、「大厄介国」、「車夫・馬丁の国」、「車夫・馬丁の巣窟」、「化物屋敷」、「腐敗の頂上」、「朽木・糞土」、「悪獣国」、「衰弱の極」、「貧弱国」、「半亡国」、「懶惰《らんだ》（＝怠惰）の貧国」

朝鮮人に対しては、侮辱の言葉ははるかに多様です。

「未開の民」、「頑愚」、「凶暴」、「頑民」、「頑愚・凶暴」、「頑陋《がんろう》（＝かたくなで賤しい）」、「頑冥《がんめい》（＝かたくなで道理に暗い）・倨傲《きょごう》（＝おごりたかぶる）」、「頑冥教うべからざる」、「頑民」、「固陋・不明」、「無気力」、「無気力・無定見」、「軟弱・無廉恥（＝恥を知らない）」、「奴隷の群集」、「豺狼《さいろう》（＝山犬と狼）」、「狼群」、「牛馬豚犬」、「車夫・馬丁の仲間」、「車夫・馬丁の輩」、「車夫・人足」、「卑劣」、「糞土の牆《しょう》（＝腐り切った者の巣窟）」、「頑冥・不霊（＝無知）」、「無識」、「愚鈍」、「頑陋・愚鈍」、「近眼・浅慮」、「軟弱」、「愚昧」、

「腐敗・醜穢《しゅうえ》」、「偽君子〔＝偽善者〕の巣窟」、「無頼」、「卑屈なる小国人」、「腐儒」、「腐儒の巣窟」、「数百年来儒教の中毒症に陥りたる人民」、「頑冥不霊は南洋の土人にも譲らず」、「疑い深くして容易に打ち解け（ず）」

中国に関しては「老」の文字を多用します。

「腐儒国」、「数千年の老腐儒国」、「老大・朽木」、「老大腐朽」、「老朽国」、「老大国」、「腐敗国」、「老大の腐敗国」、「枯朽・腐敗」、「腐敗の大病国」、「老朽の腐敗物」、「老耄《ろうもう》〔＝老いぼれた〕国」、「不仁不義の老大国」、「朽ちたる大木」、「豚屋」、「豚尾《とんび》国」、「悪獣国の地主」

中国人に対する侮蔑の言葉は、目を疑いたくなるほどです。

「頑冥」、「頑冥・不霊」、「頑陋・不明」、「馬鹿」、「遅鈍」、「無知・無謀」、「無知・無識」、「文明境外・無識の愚民」、「無神経の老大国人」、「無知・蒙昧」、「頑固・無知」、「暗愚」、「怯懦《きょうだ》〔＝臆病〕」、「怯懦・卑屈」、「法外・無類」、「剛愎《ごうふく》〔＝強情〕」、「徒大〔＝からいばり〕・倨傲《きょごう》」、「漫《みだ》りに尊大を構えて去勢を張（る）」、「剛腹・倨傲」、「腐敗」、「臆病」、「半死の病人」、「孑孑《ぼうふら》」、「豚」、「豚尾」、「豚尾児」、「豚尾奴」、「豚尾漢」、「下等動物」、「悪獣」、「恥を知らざる」、「残忍・無情」、「チャンチャン」、「乞食」、「乞食の行列」、「乞食流民」、「下郎輩」、「乞食・流民」、「下郎輩」、「腐敗・惰弱」、「老大国儒流の腐敗」、「陋劣《ろうれつ》〔＝卑しく劣る〕・不霊」、「人外の人種」、「最下最劣の人種」、「破廉恥」、「鉄面皮」、「人外の思想を抱く者」、「穢《きた》ねえ」、「乞食・穢多《えた》」、「虱の移る」、「腐ったような穢《きた》ねえ」、「木虱《だに》が移る」、「ぢぢむさく穢い」、「湯に入ったことがない」、「変な臭気を放（つ）」、「国民の骨に徹したる淫欲の余毒」、「一家妻妾群居」、「淫逸を恣《ほしいまま》に」

醸成される民族差別・人種主義

中国や中国人について何度も出る「豚尾」とは、いったい何のことでしょう。かつての江戸時代の武士は、頭頂をそって髪の毛を頭上におきましたが（いわゆる「ちょんまげ」です）、清朝を支配した満洲族は、同じく頭頂をそって髪の毛を後ろに垂らしていました。これがいわゆる弁髪ですが、これを福沢は「豚の尻尾」と形容しました。

そればかりか中国人を「豚」と呼び、また拙著『福沢諭吉と帝国主義イデオロギー』の表紙に見るように、『時事新報』に掲載された時事漫画は、中国人を実際に豚として、しかも食べ物・飲み物にくらいつく不潔な豚として描いています。

『時事新報』（1894年7月12日）

他に福沢は「チャンチャン」という言葉をたびたび用いました。これは「清」の中国語読み「qīng」（チン）あるいは中国の「中」zhōng（ツォン）から来た侮蔑用語のようです。当時ちまたで使われていたこの言葉を、福沢も「漫言」で悪びれることなく使っています。また先の「豚尾」は、正式な社説においてさえ、いく度となく用いられています。

これらの憎悪表現をくり返し使うことで（ヘイトスピーチ）、相手国やその民族が野蛮でありかつ汚い物／臭い物であるというイメージが、強くかもし出されることになりました。こうして『時事新報』も加担して、中国人・朝鮮人を人間以下の獣であるかのように見る民族差別・人種主義が醸成されたのです。

喜んで命を捨てる国民＝帝国国民の形成

これら、福沢の帝国主義イデオロギーは、「帝国国民」を形成するという点で理にかなっていました。「国権拡張」を実現するためには、単に軍備増強を図るだけではなく、自らの国を他の卑小なアジアの国々と異なる大国（帝国）であると見なすばかりか、他の遅れた国々の国民を侮蔑し殺す国民を、つまり帝国国民をつくらなければならないからです。

そのための役割を果たすのが、天皇制です。関連する福沢の文章を読んでみます。ここでは、遅れた国々の国民を殺すとは書いていませんが、むしろ国のために喜んで命を捨てる国民と表現されていますが、それは当然前者を含意しています。

「軍人の心を収攬して〔＝一つに取りまとめて〕、その運動を制御し〔＝命を捨てさせ〕ようとするには、必ず帝室に依頼するしかない。……ただ帝室の尊厳と神聖なるものがあって……〔軍人も〕帝室のために進退〔＝行動〕し、帝室のために生死するものだと覚悟をきめて、はじめて戦陣に向って一命をも致す〔＝命を差し出す〕ことができる。」（『帝室論』⑥）

「啓蒙期」（一八六〇～七〇年代）の福沢は、『覚え書き』⑦や『文明論の概略』⑧などで、帝室をしたう至情を新たにつくるのは困難である、と記していました。

しかし一八八〇年代以降、福沢は、帝室がもつ、政治家や軍人にはもちえない「超政治的な機能」に気づきます。つまり天皇は、帝国国民を、つまり天皇のために自らの命をすてる国民を、つくるための政治的な用具であることを、発見したのです。

しかも、喜んで命をすてる、つまり他国民を殺す国民をつくるだけでなく、同時にその家族・親族が、自分の父・子・甥等が死ぬことを受け入れられるようにしなければなりません。そのような政治的な役割をはたすのが天皇であり、そして「靖国神社」です。

「今もし大元帥陛下が自ら祭主となり、非常の祭典を挙げられるとしようか。〔そうすれば〕死者は地下にあって天恩〔＝天皇が授ける恩義〕のありがたさを感謝し、遺族は光栄に感涙して父兄の戦死を喜び、一般国民は、万一事があるならば君国のために死のう、とこい願うようになるだろう。」（「戦死者の大祭典を挙行すべし」⑨）

ここでは、軍人の心身と行動のみか、家族・親族の、それぱかりか一般国民のそれをも制する絶対主義的な天皇が、前提とされています。丸山真男は、福沢の『帝室論』に記された天皇制を象徴天皇制であると見誤っていますが、次節に見るように、福沢が絶対主義的天皇制の立場に立っているのは、間違いありません。

国権拡張とそのための対外・対内政策

福沢は帝国主義的な思想を提示するばかりか、「国権拡張」のための対外政策・方法を具体的に提示しました。それは、次の十通りです（詳しくは杉田『福沢諭吉と帝国主義イデオロギー』第3章2節を参照ください）。

（1）移民（植民）
（2）不平等条約の締結
（3）介入・干渉
（4）外戦・侵略
（5）資本輸出および鉄道敷設権・鉱山採掘権の獲得
（6）地域の租借
（7）地域の割領
（8）領域の割領
（9）一国の保護国化（内政権・対外権の掌握）
（10）一国の併呑

そして福沢は、これらを実現するために、国内体制の整備を求めたのです。天皇制や靖国神社の利用など、すでにその主要な一部を見ましたが、他にもその提案は、教育、人権、女性等に及んでいます。

次節でその具体例を検討しますが、みなさんに考えていただきたいのは、帝国主義者・福沢のこうした発想や言葉が、今日どのように機能しているかです。石原慎太郎（元東京都知事）、安倍晋三（首相）、渡辺利夫（拓殖大学総長）、平沼赳夫（日本会議国会議員懇談会会長）など少なくない人が、福沢の語彙・文言をつかって、自分の考え・思惑の権威づけを図ってきました。

特に安倍首相は、第二次安倍内閣の最初の施政方針演説の際、福沢の「一身独立して一国独立する」を冒頭で引用しつつ、「強い国」の国づくり、言いかえれば日本の帝国化に向けた野望を語りました。福沢はいまだに明治期の「先覚者」と一般に認識されているためか、彼らの言説に対して大した反論もなされないままです。こうして、福沢が提示した語彙やイデオロギーが継承され、反時代的な策動の権威づけに利用されています。

丸山真男が言うように、福沢は「典型的な市民的自由主義」者であるかのように一般に理解されています。そうではなくて、福沢ははっきりとした、典型的かつ体系的な帝国主義イデオローグなのです。それを知っておくことは、彼らの福沢利用によって足をすくわれないためにも重要です。

では、彼らはいったいどのような策動を練っているのでしょう。それを考えるために、自民党改憲案を俎上にあげたいと思います。

三　自民党改憲案と福沢の帝国主義イデオロギー

黒幕としての日本会議

自民党改憲案をとりあげるに先だって、自民党を背後から支えてきたある政治団体について述べておかなければなりません。

それは、「日本会議」という団体です。日本会議は、右派の宗教団体の連合体です。神社本庁をはじめとする宗教団体が、少なからず関わっています。これにつらなる学者、財界人、文化人も少なくありません。先に言及した石原慎太郎は、その代表委員になっています。国会議員にも影響が及んでおり、「日本会議国会議員懇談会」なるものが組織されています。安倍晋三はその特別顧問をつとめており、右に言及した平沼赳夫はその会長です。渡辺利夫も、日本会議が二〇一四年に発足させた「美しい日本の憲法をつくる国民の会」の代表発起人に名を連ねている以上、日本会議と強い関係をもっているのは確かでしょう。

日本会議はこれまで、「建国記念の日」制定、元号法制化、日の丸・君が代の法制化、教育基本法の改悪等に関わってきました。日本国憲法によって統治される平和国家・日本において、これらがいかに「獅子身中の虫」として機能しているかを考えれば、その運動の反時代性は明瞭です。女性（系）天皇制や選択的夫婦別姓制の阻止に向けた動きの中枢にあるのも日本会議です。

日本会議・自民党の目標と福沢の内政面でのそれ

さて、同会議はいま、自民党と気脈を通じつつ、以下の八項目の実現をねらって策動しています。正確には他にもありますが、福沢を論ずる文脈ではこの八つを提示すれば十分でしょう。

（1）天皇崇拝・天皇制改編・男系の維持
（2）改憲・新憲法制定・反立憲主義への立脚
（3）国防・軍事力の強化（自衛隊の国防軍化）
（4）愛国心教育の推進
（5）人権の制限
（6）家族制の強化
（7）「自虐的歴史観」の克服

（8）天皇・首相らの靖国参拝・公式参拝の実現

以上を実現するために、日本会議は各種の運動を組織していますが、その集約点となっているのが（2）の改憲・新憲法制定です。自民党が二〇一二年に出した改憲案は、自民独自の新憲法制定に向けて、以上を多かれ少なかれ含むものとなっています。

一方、福沢が当時、先に見た「国権拡張」のための対外的な方法とは別に、内政的な方法として重視したのは、

（1）「帝室」の重視＝絶対主義的天皇制の擁護
（2）明治憲法の絶賛・反立憲主義への立脚
（3）「軍国」化＝軍事力行使の合理化
（4）「報国心」の形成・「報国の大義」の普及をめざす教育の実現
（5）官民調和のための各種人権の制限
（6）人種改良のための女性役割・家庭に対する女性の責務の強調
（7）明治の歴史修正主義
（8）国民（軍人）統制のための靖国神社の利用

です。

日本会議・自民党の策動と「国権拡張」のための福沢の内政的な方法とは、密接に関係しています。以下、

自民党改憲案を検討する形で、（1）～（6）および（8）について両者の類似点・発想のつながりを明示します。（7）は歴史観に関わり、同改憲案に直接には現れないため、省略します。

（1）「帝室」の重視＝絶対主義的天皇制の擁護

福沢は帝室を非常に重視しました。「帝室」には皇族も含まれますが、福沢ではふつうは天皇を指しています。そして、絶対主義的天皇制への立脚は明治憲法の根幹であり、次項に見るように、その明治憲法を福沢は絶賛しています。したがって「帝室」とは、絶対主義的な天皇のことです。

天皇元首化の先にあるもの

自民党改憲案一条では「天皇は、日本国の元首であ（る）」と記されています。改憲案前文には、日本は「天皇を戴く国家であ（る）」という文言も見られます。それはいったい何を意味しているのでしょうか。

福沢は、自民党改憲案よりも徹底して絶対主義的な天皇制を擁護しました。天皇の「親裁」、つまり天皇自身が宣戦布告権・講和権を行使し、自ら決断をすることまでを論じています（『帝室論』⑩）。これは、明治憲法が制定される以前の言説です。憲法上の規定があるかないかの違いはあるとはいえ、いずれにせよ福沢が念頭に置いていたのは、宣戦布告権・講和権等を有する絶対主義的な天皇でした（ここでは敷衍できませんが、福沢は明治憲法が規定する以上の絶対主義的な権限を天皇に与えようとしていました）。そうした天皇を配することではじめて、軍人が安んじて命をさし出すことが可能になるというのです。

自民党改憲案で使われている「元首」という言葉は、対外的に国家を代表するだけではなく、最終的に

・「天皇は、日本国の元首であり、日本国及び日本国民統合の象徴であって、その地位は、主権の存する日本国民の総意に基づく。」（自民党改憲案１条）
・「日本国は、長い歴史と固有の文化を持ち、国民統合の象徴である天皇を戴く国家であって、国民主権の下、立法、行政及び司法の三権分立に基づいて統治される。」（同前文）
・「……天皇は、国又は地方自治体その他の公共団体が主催する式典への出席その他の公的な行為を行う。」（同６条５）。
・「一部の政党は、国事行為以外の天皇の行為は違憲であると主張し、天皇の御臨席を仰いで行われる国会の開会式にいまだに出席していません。天皇の公的行為を憲法上明確に規定することにより、こうした議論を結着させることになります。」（『Ｑ＆Ａ』8）
○「ただ帝室の尊厳と神聖なるものがあって、政府は和戦の二議を帝室に奏上し、その最上の一決が御親裁から発する〔＝宣戦布告権・講和権の行使〕の実を見て、軍人もはじめて安心し……帝室のために生死するものだと覚悟を決めて、はじめて戦陣に向かって一命をも致す〔＝命をさし出す〕ことができる。」（『帝室論』⑪）

＊自民党改憲案等の引用・説明文には「・」を、福沢のそれには「○」を付けてあります。

は、福沢が念頭に置いたような交戦権の行使まで、その権限のうちに含めていると思えます。仮にそうではなかったとしても、あるいは当面はそうではなかったとしても、「国防軍」兵士が、そのために命をさし出すことを決意しうるような、超政治的な存在をつくろうとしています。それは後述する「第九条」の骨抜き、すなわち平和主義否定の論点から明らかです。

なるほど改憲案でも、ひとまず天皇の権能は「国事行為」に限定されています（第六条２）。しかし、「元首」という規定が示唆するように、ひとたび明確な法的地位を天皇に与えれば、その軍事的な利用は困難ではないと言わなければなりません。

現行の象徴天皇制下にあっても、時に天皇が国家を代表し、事実上元首としてふるまう場合があります。しかし元首としての確たる憲法上の地位を与えるのとそうでないのとでは、雲泥の差があります。だからこそ自民党改憲案は、天皇を元首にしようとしているのです。

なお自民党改憲案では、「国事行為」以外に、これまで天皇が事実上行ってきた「公的行為」に憲法上の根拠を与えようとしています。そこでは公的行為は、「国又は地方自治体その他の公共団体が主催する式典への出席その他」と規定されています（第六条5）。自民党改憲案『Q&A』は、これは「天皇の御臨席を仰いで行われる国会の開会式」を違憲であるとする見解を封じるためと記しますが（『Q&A』8）、この条文と、後述する「信教の自由」に関連する条文（第二〇条、第八九条）によって、靖国神社への公式参拝等がなしくずしに合理化されるおそれがあります。

（2）明治憲法の絶賛・反立憲主義への立脚

反立憲主義と異様な義務条項

日本会議が掲げる「改憲・新憲法制定」は、反立憲主義に立脚しています。

日本国憲法第一二条は、「この憲法が国民に保障する自由及び権利は、国民の不断の努力によって……保持しなければならない」と記しています。そしてこの後に、権利行使の制約を規定しています。「国民は……常に公共の福祉のためにこれを利用する責任を負う」、と。

ところが、自民党改憲案一二条は、ほぼこれと同じ内容をもつのに（ただし後者の条文自体は（5）で見るように違いがあります）、後者を前面に出して「国民の責務」と題されています。

一方、自民党改憲案『Q&A』は本音をあからさまに記しています。そこでは、「現行憲法の規定の中には、西欧の天賦人権説に基づいて規定されていると思われるものが散見される……こうした規定は改める必要がある……」と記されています（『Q&A』13）。天賦人権説とは、人権は人が人であることによって有する本源的な権利であって、いかなる権力によっても奪うことができないという、長年の歴史を通じて確立した学説・社会的合意を意味します。にもかかわらず自民党は、人為的な権力によって人権を制限することができると主張するのです。

さらに問題があります。日本国憲法九九条では「天皇又は摂政及び国務大臣、国会議員、裁判官その他の公務員は、この憲法を尊重し擁護する義務を負う」と記されています。しかし、これに対応する自民党改憲案一〇二条では、まず「全て国民は、この憲法を尊重しなければならない」と、国民に対して憲法尊重を要求しています。本来、憲法は国民が権力者に対して突きつけるもので、義務は権力者の側にあるのですが、自民党改憲案では逆になっています。しかも改憲案一〇二条は続く第2項で、憲法尊重義務を有する公務員のうちから「天皇または摂政」を除外しました。これと、先ほどの「元首規定」が合わされば、どのようなことが起こるのか、あるていど推測ができます。

他にも、日の丸・君が代尊重義務（同三条2）、公益および公の秩序への服従義務（同一二条）、緊急事態発生時の指示服従（同九九条3）など、国民の義務を執拗に定めており、その点で自民党改憲案の基本は反立憲主義であると言わざるをえません。

明治憲法の絶賛・人権制限の当然視

一方福沢は、自民党改憲案が模範とする明治憲法を、「わが憲法は完全であって、国民の権利を重んじて残す〔＝手つかずにする〕ところがない……」（『国会難局の由来』⑫）と、また「いかにも〔＝全く〕完全無欠であって、どの文字にも自由・開進の精神によらないものはない」（「維新以来政界の大勢」⑬）、と絶賛していま

・「（国民の責務）……自由及び権利〔の行使は〕……常に公益及び公の秩序に反してはならない。」（自民党改憲案12条）
・「権利は、共同体の歴史、伝統、文化の中で徐々に生成されてきた……人権規定も、我が国の歴史、文化、伝統を踏まえたものであることも必要……現行憲法の規定の中には、西欧の天賦人権説に基づいて規定されていると思われるものが散見される……こうした規定は改める必要がある……」（『Q＆A』13）
・「（憲法尊重擁護義務）　全て国民は、この憲法を尊重しなければならない。／2【天皇又は摂政及び】国会議員、国務大臣、裁判官その他の公務員は、この憲法を擁護する義務を負う。」（自民党改憲案102条）……【　】内は日本国憲法から削除された文言です
・日の丸・君が代尊重義務（同3条2）
・公益および公の秩序への服従義務（同12条）
・緊急事態発生時の指示服従（同99条3）
○「わが憲法は完全であって、国民の権利を重んじて残す〔＝手つかずにする〕ところがない……」（『国会難局の由来』⑭）
○「〔明治憲法は〕いかにも〔＝全く〕完全無欠であって、どの文字にも自由・開進の精神によらないものはない」（「維新以来政界の大勢」⑮）

す。

しかし実際には明治憲法は、権利行使について「法律の範囲内において」（二九条）という制限を課していました。特に信教の自由については、「臣民たるの義務に背かざる限りにおいて」という、それ以上に強い制限を付しています（二八条）。福沢は、それらを無視したのです。いやむしろ、そのような制限を各種人権行使に課すことを当然視していた、と言うべきでしょう。

そもそも福沢にあっては、人権概念自体が非常にせまいものでした。「アメリカ合州国独立宣言」以来の人権概念は、「生命、自由および幸福追求」です。これは日本国憲法において人権を最も包括的に規定した第一三条でも、用いられています。

しかし福沢は、合州国独立宣言を紹介しつつも（『西洋事情初編』⑯）、自らの人権規定からは「自由」も「幸福追求」も削除してしまいます。

どの著書・論説でも、人権はふつう、生命、財産、名誉（面目）と規定されます（『学問のすすめ』⑰等）。名誉を人権と見なしたのは、下級武士とはいえたしかに「士」出身の福沢らしいところです。そればかりか福沢では、名誉は生命・財産よりもしばしば上位におかれます（「国会議院中なお上下あり」「何ぞ大いに人権問題を論ぜざる」）。もちろん名誉も重要な権利ですが、他の人権を排除してまで掲げるべきものとは思われません。排除されたのは自由です。

自由を人権概念から排除したのは、福沢が人権の根源性よりも国家権力行使の裁量（自由度）を高めることを第一義としていること、その意味での国権主義の立場に立っていたことを、十分にうかがわせます。『学問のすすめ』などのいわゆる「啓蒙期」の時代には、日本の独立に対する不安を抱えていたとはいえ、独立を脅かされるどころか、朝鮮や中国の独立を脅かしかねないほどに日本が強大になっても、福沢はこの人権規定を変えることはなかったのです。

これとの関係で言えば、理念的に自由とともに人権として最重視されるべき「平等」を、福沢が軽視した事実、それどころかそれをむしろ否定し、「天は人の下に人を造る、人の上に人を造る」と事実上主張したことは、本章の冒頭に記しました。

（3）「軍国」化＝軍事力行使の合理化

自民党は、軍事力の強化を主張しています。そのために、日本国憲法の第九条第2項「前項の目的を達するため、陸海空軍その他の戦力は……保持しない。国の交戦権は……認めない」を丸ごと削除して、「前項の規定は、自衛権の発動を妨げるものではない」と記すばかりか、その後に第九条の二として、「……国防

・「前項の規定〔＝戦争および武力による威嚇・その行使の放棄〕は、自衛権の発動を妨げるものではない。」（自民党改憲案９条〔の一〕第２項）
・「我が国の平和と独立並びに国及び国民の安全を確保するため……国防軍を保持する。」（同９条の二）
・安倍政権による「普遍的価値」なるものの強調：「自由」「民主主義」「基本的人権」「法の支配」「市場経済」→これを大義名分にした、集団的自衛権の行使の可能性：現代の「文明化の使命」論
○他国に対して軍事力を行使する大義名分：
１、自衛のため（江華島事件）
２、相手国政府による要請あり（甲申政変）
３、居留民保護のため（日清戦争）
４、「文明化の使命」論（同前）

＊なお義和団鎮圧戦争（いわゆる北清事変）時には、福沢は、大義名分など持ち出さずに、介入を無条件で当然視しています。

軍を保持する」という条文を、追加しています。

自民党は、武力行使を可能にしようと躍起になっているようですが、福沢の時代においても、特別な事情がない限り他国に対して武力を行使することは容易ではありませんでした。そのため福沢は、いわばいかにして「国防軍」を持ち、自衛権を発動できるかについての理論を展開したと言えます。

具体的には、福沢は、（１）自衛のためと称して国防軍の交戦を擁護し（一八七五年江華島事件）、（２）相手国政府による要請という理屈を用いて、出兵・交戦を合理化しました（一八八四年甲申政変：もっともこの際の要請は、福沢の弟子を含む実行部隊が国王を軟禁状態において情報を遮断した結果なされたものです）。

また日清戦争時（一八九四年）には、（３）居留民保護のためという論理で同じく出兵を合理化しています。ところが当時朝鮮では国民的な運動が起きて、関係者（東学農民軍）が日本の介入を阻止するために朝鮮政府と和約を結ぶことになりました。そのために居留民保護の必要はなくなるのですが、そこで福沢が持ち出したのが、（４）貿易の

利益を守るために出兵が不可欠である、という理屈です。

こうして福沢は、次から次へと新たな理屈を持ち出し、最終的に、「文明化の使命」という論理で日清戦争を肯定していきます。

自民党改憲案の精神が現実化すれば、安倍首相は、自らくり返し言及する「普遍的価値」なるものを大義名分とした集団的自衛権行使の名の下に、米軍を含む他国軍の後方支援へ乗り出し、最終的には「国防軍」の軍事力行使に向けた動きに出るものと予想されます。その際、（1）〜（4）の合理化論が、やはり前面に出されるはずです。

（4）「報国心」の形成・「報国の大義」の普及をめざす教育の実現

福沢は「報国」「報国心」という言葉をしばしば用います。報国とは、単に国を愛するだけではなく、命を捨てても国に尽くし奉仕することを意味します。福沢は、自分の財産ばかりか命をも差し出す報国心を国民に持たせるべく、多様な手段を考案しようとしました。第二節で帝国国民の形成について記しましたが、帝国国民とは、言いかえれば報国心を内面化した国民です（福沢は、「愛国心」という言葉は一般にほとんど使いません。「報国心」に、通常の愛国心という言葉が指し示すものを含めています）。

さらに福沢は、「報国」の中身を明示して「報国尽忠」「報国致死」という徳目・行動の重要さを、何度も論じました。それは、『学問のすすめ』⑱では「報国の大義」と呼ばれ、「国のためには財を失うのみならず、一命をも投げ打っても惜しむに足らない」と表現されています。つまり福沢は、国民のうちに、「報国尽忠」「報国致死」という徳あるいは「報国の大義」を内面化した報国心の形成を図ろうとしました。だから、「教

・「伝統と文化を尊重し、それらをはぐくんできた我が国と郷土を愛する……態度を養うこと。」(改悪教育基本法２条五)
・「日本国は、長い歴史と固有の文化を持ち、国民統合の象徴である天皇を戴く国家であって……」(自民党改憲案前文)
○「報国の大義」を内面化した「報国心」(愛国心)の形成
○帝国国民の責務・分としての「報国尽忠」「報国致死」(「徳教の説」⑲「故社員の一言今なお精神」⑳)
○「……仁義・孝悌・忠君・愛国〔＝報国〕の精神を煥発〔＝広く発布〕し、聖意〔＝天皇の意思〕を貫徹させるべきであると、私は信じて疑わない。」(「教育に関する勅語」㉑)
○「国のためには財を失うのみならず、一命をも投げ打っても惜しむに足らない。」(『学問のすすめ』㉒)

育勅語」の発布後に社説記者に書かせた論説には、「……仁義・孝悌・忠君・愛国〔＝報国〕の精神を煥発〔＝広く発布〕し、聖意〔＝天皇の意思〕を貫徹させるべきであると、私は信じて疑わない」(「教育に関する勅語」㉓)、と当然のように記されていました。

自民党改憲案でも、「愛国心」が重視されています。この言葉は改憲案そのものには出てきませんが、教育の憲法である教育基本法において、それが明示されています。

第一次安倍内閣(二〇〇六年)は、教育基本法を改悪し、そこに「伝統と文化を尊重し、それらをはぐくんできた我が国と郷土を愛する……態度を養うこと」という文言を盛りこみました(第二条5)。自民党改憲案前文も、それを前提しそれに呼応しています。再度引きますが、「日本国は、長い歴史と固有の文化を持ち、国民統合の象徴である天皇を戴く国家であって……」というのが、それです。

自民党改憲案が後者であえて「天皇」をもち出した事実を思うと、一般的な意味での愛国心のみならず、福沢が言う「報国心」を、国民、特に若者にもたせようとしている様子が、かいまみられます。

（５）官民調和のための各種人権の制限

自民党改憲案も福沢も、人権の制限を当然視します。

信教の自由への挑戦と踏みにじられる政教分離原則

前述のように自民党改憲案では、人権の制約を一般的に記した条文は「国民の責務」と題され、本文は、「自由及び権利（の行使）には責任及び義務が伴う」と、責務より強い「義務」という言葉を用いた上で、その行使は「常に公益及び公の秩序に反してはならない」と規定しています（第一二条）。

後者は、「常に公共の福祉のためにこれ（＝自由および権利）を利用する責任を負う」と権利行使の方向性を示した日本国憲法（同条）と異なり、表現は否定的・消極的であり制約の側面が強く出されていますが、それ自体は特に異常とは言えません。けれども「公益及び公の秩序」として、驚くべきことに性的な秩序も含めて考えられているのです。改憲案『Ｑ＆Ａ』では、「性道徳の維持」を図る必要を事実上宣言しています（『Ｑ＆Ａ』13）。

日本国憲法二〇条には、「信教の自由は、何人に対してもこれを保障する。いかなる宗教団体も、国から特権を受け、又は政治上の権力を行使してはならない。……／3　国及びその機関は、宗教教育その他いかなる宗教的活動もしてはならない」と記され、八九条では公の財産は特定の宗教団体やその事業に支出してはならないと規定されています。こうして日本国憲法は、「明治」以降、国家神道体制が国民の諸権利を蹂躙《じゅうりん》した事実を踏まえ、信教の自由を二重に保障しています。

・「（国民の責務）……自由及び権利〔の行使〕には責任及び義務が伴うことを自覚し、常に公益及び公の秩序に反してはならない。」（自民党改憲案12条）
・「街の美観や性道徳の維持などを〔図らなければならないが、これは制約としての「公共の福祉」に関する学説が具体的な制約条件と見なす〕人権相互の衝突という点だけで説明するのは困難です。」（『Q＆A』13）
・「国及び地方自治体その他の公共団体は、特定宗教のための教育その他の宗教的活動をしてはならない。ただし、社会的儀礼又は習俗的行為の範囲を超えないものについては、この限りでない。」（自民党改憲案20条3）
○報道・言論・集会等の自由の制限：新聞紙条例・集会条例による取り締まりを合理化する。（「今日に処する国民の心得」㉔等、『学者安心論』㉕「足尾銅山鉱毒事件の処分」㉖）
○信教の自由の制限：明治政府は神社を「祭祀」をつかさどる施設と見なしたが、福沢も神道を宗教とは見なかった。（「神官の職務」㉗「神官無用ならず」㉘）
○「宗旨に立ち入り遠慮なく命令してかまわない。洋学者の空論にまどわされて信教自由の主義を……重んじるあまり、かえって政権〔＝政治権力〕の達成すべきことさえ放却〔＝放棄〕するのは、卑怯である……。」（『時事小言』㉙）

しかし自民党改憲案では、信教の自由に関連して、「社会的儀礼又は習俗的行為の範囲を超えないもの」については、政府を含む公共団体による宗教的活動を許すと書かれています（改憲案二〇条3）。これは、理論上、靖国神社の政治利用を堂々と認めることを意味します。近年、自民党が政教分離の大原則を軽視してきたのは、明瞭な事実です。毎年春秋例大祭・八月一五日にくり返される首相・閣僚らの靖国神社参拝もそうですし、近年ようやく報道されるようになった彼らの伊勢神宮参拝もそうです。「伊勢志摩サミット」の際、安倍首相が他国要人を伊勢神宮に連れて行った事実（もちろんそのために伊勢志摩がサミット開催地に選ばれました）を、マスメディアは政教分離原則の逸脱としてもっと批判すべきでした。

福沢も信教の自由等の制限を当然視する

福沢は明治憲法を極めて高く評価し、報道・言論・集会等の自由の制限・否定は当然であると理解しています。新聞紙条例・集会条例がもつ問題を論じないまま、前者によって自由民権派の言論活動の制限を当然視し（「今日に処する国民の心得」㉚等）、後者によって足尾鉱毒問題に立ち上がった地元民の集会への介入を求めました（『学者安心論』㉛「足尾銅山鉱毒事件の処分」㉜）。

信教の自由については、それ以上です。時の明治政府は、神社を「宗教」と異なる「祭祀」をつかさどる施設と見なして、神道を他の宗教から区別して利用しましたが、福沢もニュアンスに違いはありますが、神道を宗教とは見ませんでした（「神官の職務」㉝「神官無用ならず」㉞）。

それどころか、国民の信教の自由については、政治的に必要と判断されれば「宗旨に立ち入り遠慮なく命令してかまわない」と主張するばかりか、「洋学者の空論」にまどわされて信教の自由を過度に重視し、政府が達成すべきことを放棄するのは卑怯だとさえ主張していました（『時事小言』㉟）。このように、福沢は信教の自由の制限をも当然視していたのです。

（6）家族制の強化

日本会議にとって重要な運動方針となっている「家族制の強化」は、自民党改憲案において、どのように図られているでしょうか。それに関わるのが、第二四条です。

改憲案では、日本国憲法の「婚姻は、両性の合意のみに基づいて成立し……」という条文から「のみ」が削除されています（第二四条２）。違いはそれだけです。正確には自民党改憲案ではこの第２項（日本国憲法では第二四条そのものです）の前に、家族道徳に関する第1項が置かれています。これは憲法の条項としては不自然なものですが、この点については省略します。

「のみ」があるかどうかは、ごく些細な改定にすぎないように見えますが、これはいったい何を意味しているのでしょうか。

「家制度」と離婚に関する有責主義

それは、「のみ」が削除された結果、家族関係は、戸主が強い権限をもったかつての「家制度」におけるのと似たものになりかねない、ということです。「のみ」が欠けることで、当事者以外の人の意向が反映されかねません。それはおそらく、戸主の意向でしょう。明治民法下では、成人の結婚さえ戸主の承諾を要するとされていた事実を、思い起す必要があるでしょう。もちろん今は「戸主権」にも「戸主」にも法的裏づけはありません。しかし、「のみ」の削除は、それらのあるいはそれらに類する規定を復活させる呼び水になる可能性があります。

あるいは以上の変更は、自民党改憲案『Q＆A』が天賦人権論を排する方向を示した際、「性道徳の維持」の必要に論究していた事実（（5）を参照下さい）と、関係があるのかもしれません。ここで「性道徳」は、日本会議・自民党関係者の発言からすると、むしろ家族道徳と言うべきだろうと思われますが、いずれにせよこの論点を考えあわせると、自民党は改憲案を通じて離婚に関する原則の転換をはろうとしている、と私には思われます。

つまり現在の破綻主義から、明治民法の有責主義もしくはその方向への転換をです。「婚姻を継続しがたい重大な事由」（民法七七〇条五）があれば離婚を可能とする前者に対して、後者は離婚事由をつくった有責者からの離婚請求を裁判所が認めないことで、離婚それ自体の可能性を狭くしています。これによって家族道徳の弱体化を防ぐことができれば、少子化も防げるというのが、自民党の発想でしょう。

この点は、福沢の発想と一致します。福沢は、有責主義に基づく離婚事由に関する明治民法の規定を絶賛しました。明治民法の条文に見る夫婦関係規定は、理路整然として「文明主義の法律」と見ることができる、離婚条件に関しては「規定は、非常に明確にして一点の疑いを容れるところはない」、と論じたのです（「女大学の流毒」㊱）。

しかし、少子化の原因や、少子化がなかなか改善されない原因は、別のところにあります。それは何よりも、格差の拡大・貧困化、子どもの教育費等の過重な負担、女性の労働条件の劣悪さ、特に男性の育児休暇取得条件の悪さ等ではないでしょうか。とすれば改憲案二四条の意図は、自民党が一貫して「ジェンダーフリー」教育（男女の固定的役割観に捉われない教育）を敵視してきた事実をも踏まえれば、少子化に名を借りた男女関係・役割の固定化、ひいては「家制度」に類した制度の創設なのではないか、と私には思われてなりません。

なお福沢は、「自由愛情」（フリーラブ）に基づく「濫合・濫離」は人外の動物のすることであって、結婚相手は親が決めるものだと主張しました（「離婚の弊害」㊲『福翁自伝』㊳）。それによって、戸主権の強い家制度を構築し、離婚を防ごうとしたのです。福沢が、離婚を比較的困難とする明治民法の有責主義を支持したことは、上にふれたとおりです。

選択的別姓制の否定

また、自民党改憲案で直接ふれられた事柄ではありませんが、日本会議が夫婦の選択的別姓制を拒否して

・「家族は、社会の自然かつ基礎的な単位として、尊重される。家族は、互いに助け合わなければならない。／2　婚姻は、両性の含意のみに基づいて【のみ】成立し……」（自民党改憲案第24条）……【　】は自民党改憲案で削除されたことを示します。
○明治民法の条文は「明らかに夫婦の関係を規定して条理は整然としており、真実に文明主義の法律と見ることができる。」（「女大学の流毒」㊴）
○離婚条件に関しては「条文の規定は、はなはだ明確にして、一点の疑いを容れるところもなく……」。（同前）
○自由恋愛に基づく「濫合・濫離」は人外の動物のすることであって、結婚相手は親が決めるべきもの。（「離婚の弊害」㊵『福翁自伝』㊶）
○夫婦双方から適当な文字を取り出して、「中間一種の新苗字を創造して至当であろう」。（『日本婦人論』㊷）
○「すでに結婚した以上は、夫婦は偕老同穴、苦楽を相ともにするの契約を守って、決して背いてはならない」。（『新女大学』）㊸

いる点も、記憶に値します。自民党がその流れにそって対応していることは明瞭ですが、実は福沢もまたそうした立場を表明しています。

福沢は一見進歩的であるかのような提案をします。夫婦双方の苗字から文字を取り出して、新しい苗字をつくったらどうか、と（『日本婦人論』㊹）。しかし結局は、男女が同姓でなければならない、というのが福沢の立場です。

福沢は「偕老同穴」論に立ち、夫婦は一生涯つれそうべきであると主張し、離婚を認めようとはしません（『新女大学』㊺）。そのためにも、夫婦はあくまで同姓であるべきだという立場に立つのでしょう。

ちなみに、福沢が上のような提案をした背景には、明治初期には、当時の習俗にもとづき夫婦別姓が当然視されていた、という現実があります。しかしそれを、旧民法（一八九〇年公布、未施行）・明治民法（一八九六〜八年制定、九八年施行）は否定し、夫婦同姓制を採用しました。

また福沢は離婚が比較的多い事実に、いらだっていたようです。とはいえ一方で、不平等条約解消に向けて明治政府が採用した欧化政策の影響を受けて一定の男女同権的な発想が広がっていた事実を前に、たんに男女同姓を語るだけではすまないと判断して、新苗字づくりの提案をしたのでしょう。

いずれにせよ福沢は、選択的別姓制を独自の論理を下に否定したと言えます。

なお、福沢が「国権拡張」の手段として女性について論じたのは、前記（7）として記したように「人種改良のための女性役割・家庭に対する女性の責務の強調」ですが、この点は自民党改憲案それ自体とのずれが大きいため、本項では日本会議の目標である「家族制の強化」を題として採用しました。

（8）国民（軍人）統制のための靖国神社の利用

日本会議は、天皇・首相等の靖国公式参拝の実現を目指しています。

日本国憲法では「公金その他の公の財産は、宗教上の組織若しくは団体の使用、便益若しくは維持のため、又は公の支配に属しない慈善、教育若しくは博愛の事業に対し……支出し、又はその利用に供してはならない」と記されていますが（第八九条）、自民党改憲案は、これに類似した条文に、「第二〇条第三《ママ》項ただし書〔き〕に規定する場合を除き」と追加して、靖国神社に対して公金を支出できるようにしています（改憲案八九条）。前記のように、ただし書きには、「社会的儀礼又は習俗的行為の範囲を超えないものについては、この限りでない」（同二〇条3）と記されています。

福沢の場合は、公金を支出せよと主張するどいうより（それは当然視されているのでしょう）、靖国神社は帝国化・帝国国民形成の主要な役割をはたすべきだと主張し、靖国神社で天皇主催の「招魂祭」を営むべきだと主張しています。

つまり、天皇が祭主となって靖国神社で戦死者の英霊を祀る招魂祭を営めば、一般国民（戦没者の遺族を含めて）は、「万一事あるならば君国のために死のう、とこい願うようになるであろう」、と福沢は主張します（「戦死者の大祭典を挙行すべし」㊻）。

福沢がもくろんだのは、単に靖国神社へ公費を支出するだけではなく、天皇自らが招魂祭を主催し、帝国国民形成のための機関という実質を獲得させることです。自民党も、おそらくそこまで考えているのではないでしょうか。

福沢と安倍自民党がめざす日本の「帝国」化

先に記した通り、安倍首相は二〇一二年末の就任後初の施政方針演説で、「強い国」をめざすと宣言しました。実際この間、国家安全保障会議、特定秘密保護法、集団的自衛権行使容認、その行使を可能にする安全保障関連法等の制定・立法が、「強い国」をつくる手段として図られてきました。

同時に安倍首相が施政方針演説冒頭で言及したのが、福沢の「一身独立して一国独立する」でした。それは、（4）で検討したように、「国のためには財を失うのみならず、一命をも投げ打っても惜しむに足らない」という、「報国の大義」に収斂します。各種法整備・制度構築と同時に、「強い国」実現のための国民形成・国民統制が不可欠であることが、意識されているのでしょう。安倍第一次内閣が、改憲に先だって教育基本法改悪にまい進した事実は、これと無関係ではありえません。

安倍首相が目指しているのは、「戦前レジーム」への復帰です。さすがに今日の国際的環境は、福沢が生きた当時のそれとはかなり異なります。とはいえ首相は、今日の国際情勢等を前提した上での「戦前レジーム」への復帰、言いかえれば日本の「帝国」化、国民の「帝国国民」化を目指している、と言うことができ

・「(公の財産の支出及び利用の制限) 公金その他の公の財産は、第20条第3項ただし書〔き〕に規定する場合を除き、宗教的活動を行う組織若しくは団体の使用、便益若しくは維持のために支出し、又はその利用に供してはならない。」(自民党改憲案89条)
・「ただし、社会的儀礼又は習俗的行為の範囲を超えないものについては、この限りでない。」(同20条3)
○天皇の詔《みことのり》さえあれば、外戦において天皇の「親裁」があればなおのこと、軍人は「帝室のために生死するものだと覚悟をきめて……戦陣に向って一命をも致す〔＝差し出す〕ことができる」ようになる。(『帝室論』㊼)
○また、天皇が祭主となって靖国神社で戦死者の英霊を祀る招魂祭を営めば、一般国民(戦没者の遺族を含めて)は、「万一事があるならば君国のために死のう、とこい願うようになるであろう」。(「戦死者の大祭典を挙行すべし」㊽)

るでしょう。

福沢は「兵力の強い……大国」(『福翁自伝』)にすることが日本の「国権拡張」の目標だと述べました。私なりの言葉で言いかえれば、それは「帝国」の形成です。伝統的に言えば、政体が帝政かどうかとは無関係に、海外に広い版図をもつのが帝国です。福沢は、一八九四年の日清戦争の勝利を通じて帝国形成が実現し、さらにいっそう大きな帝国の形成を目指していた時代に生きていました。そして福沢自身が、日本の帝国化・日本国民の帝国国民化をめざして論陣を張り続けました。

そうした福沢の論理が、今日の自民党・日本会議が目指すところによく似ている事実を、真剣にとらえる必要があるでしょう。世界的に見て、一九六〇年代に植民地化からの解放が著しく進展してからは、海外に対して強い発言権や影響力・牽引力をもつのが帝国です。日本をそのような帝国とすることを、安倍自民党は狙っています。

丸山真男など、戦後の日本思想研究者が言ったように福沢が「典型的な市民的自由主義」者だと理解されているようでは、日本会議・自民党改憲案の悪影響を防げないと思います。

もっと率直に、福沢は自らがいみじくも称したように明治「政府のお師匠様」（「勲章などご免」）であり、そして典型的・体系的な帝国主義イデオローグであると理解する必要があると思います。福沢を鏡とすれば、今日の安倍自民党の策動も、見通しのきくものとなるでしょう。

①全集第一六巻　三二七ページ、②全集第四巻　一六～七ページ、③全集第五巻　一八六ページ、④全集第一三巻　四一七ページ、⑤全集第八巻　三〇ページ、⑥全集第五巻　二六九ページ、⑦全集第七巻　六六〇ページ、⑧全集第四巻　一八七ページ、⑨全集第一五巻　三三二ページ、⑩全集第五巻　二六九ページ、⑪全集第五巻　二六九ページ、⑫全集第六巻　八六ページ、⑬全集第一四巻　三一二ページ、⑭全集第六巻　八六ページ、⑮全集第一四巻　三一二ページ、⑯全集第一巻　三三三ページ、⑰全集第三巻　三八ページ、⑱全集第三巻　四四ページ、⑲全集第九巻　二八一ページ、⑳全集第八巻　六四ページ、㉑龍渓書舎復刻版第九巻（四）　二三九ページ、㉒全集第三巻　四四ページ、㉓龍渓書舎復刻版第九巻（四）　二三九ページ、㉔全集第一五巻　三一五ページ、㉕全集第四巻　二二一ページ、㉖全集第一五巻　六七〇ページ、㉗全集第八巻　八〇ページ以下、㉘全集第一五巻　四三三～四ページ、㉙全集第五巻　二一九～二一ページ、㉚全集第一五巻　三一五ページ、㉛全集第四巻　二二一ページ、㉜全集第一五巻　六七〇ページ、㉝全集第八巻　八〇ページ以下、㉞全集第一五巻　四三三～四ページ、㉟全集第五巻　二一九～二一ページ、㊱全集第一六巻　五〇九ページ、㊲全集第一一巻　六四ページ、㊳全集第六巻　二三九ページ、㊴全集第一六巻　五〇九ページ、㊵全集第一一巻　六四ページ、㊶全集第六巻　二三九ページ、㊷全集第五巻　四六七ページ、㊸全集第六巻　五一一ページ、㊹全集第五巻　四六七ページ、㊺全集第六巻　五一一ページ、㊻全集第一五巻　三三二ページ、㊼全集第五巻　二六九ページ、㊽全集第一五巻　三三二ページ

第4章　福沢諭吉が、日本を一九四五年の破滅に導いた

雁屋　哲

どうして『マンガ・まさかの福澤諭吉』を書いたのか

私が、なぜ『マンガ・まさかの福澤諭吉』を書いたのか説明をしたいと思います。私のブログ（「雁屋哲の今日もまた」http://kariyatetsu.com/）にもなぜこの本を書くことになったのか詳しく書きましたから、そちらもご覧になってください。

一九八七年に福沢諭吉の『帝室論』を読んだとき、民主主義の先駆者であるはずの福沢諭吉がなぜ『帝室論』のようなものを書くのか、まさか福沢諭吉が、と実に腑に落ちなかったんですね。でも、忙しかったし、そのまま放っておいた。

二〇〇五年になって『AERA』（二月七日号）の「偽札だけではない、福沢諭吉の受難」という記事をきっかけに、安川寿之輔先生の『福沢諭吉のアジア認識』（高文研、二〇〇〇年）を読んだのです。すると、福沢諭吉に対する腑に落ちない気持ちだけでなく、どうして日本は昔の戦前に戻っていこうとしているのかという疑問も解消したのです。

安川先生の本で福沢諭吉という人物をよく理解できるようになったのですが、安川先生の本は学術書で

あって、日本人全体に読んでもらうのには、私の家族や一般の人にとって、とっつきにくいものだと思いました。漫画原作者として、漫画とおりまぜて分りやすく書けば読みやすいのではないかと考え、『マンガ・まさかの福澤諭吉』を書いたのです。

もうひとつ、この本を書いた理由は、福沢諭吉を理解するには福沢諭吉自身に語らせるのが一番で、そのためには評論家や学者の引用する文章だけでは足りず、福沢諭吉の生の文章を充分に読み込むことが必要だと考えたからです。

しかし当然福沢諭吉は明治の人ですから、平明・明解ではあるけれど、昔の文章でとても読みづらい。しかも、例外はありますが、どの文章も実に長い。使う漢字も、比喩も難しい。改行もない。よほどの勉強家でないと読もうという気持ちになれません。

それで、私は福沢の文を読みやすいように現代語に直したり、要約したりしたのです。

圧制への憧れ――「国権皇張」

本題ですが、「福沢諭吉が日本を一九四五年の破滅に導いた」と言うと、「そんな馬鹿なことがあるか」という反応をされることが非常に多いのです。なぜ私がそう主張するのか、これからお話していきたいと思います。

福沢諭吉が常に主張をしたことに、「国権皇張」という言葉があります。「国権皇張」とは、日本の国権を広げ、周辺国家を日本の国権の下に置くこと、はっきりいえば、日本の力の及ぶ限りの国を日本の権力の下に置くということです。これは「侵略」に他なりません。現在の安倍政権がもくろんでいることに、通じるものがあります。

当時『時事新報』の「発兌〔＝発行〕の言」には、『時事新報』は国権拡張を主張するためものだとはっきり書いてあります。どうして福沢諭吉が「国権皇張」にそこまで執拗に執着していたのかは、福沢が明治一五年（一八八二年）の三月二八日に『時事新報』に書いた「圧政もまた愉快なるかな」（全集第八巻　六四ページ）を読むと理由がわかります。なお、この年は福沢諭吉が『時事新報』を発刊し始めた年です。

福沢諭吉は、あの時代の人にしては珍しく、三度も海外に行くことができた人です。三回目に香港へ立ち寄った際、中国人の商人が靴を売りに来たことがありました。福沢が値段の交渉でもしてみようかなと思っていると、イギリス人がやってきて「どうせ中国人が勝手なものを、高く押し売りしているんだろう」と思ったのでしょう。靴を奪って福沢に渡すと、福沢が出した二ドルを中国人に押し付け、杖を振り回して中国人を船から追い出した。そのとき、中国人商人は何も抵抗できずにペコペコしていました。

それを見た福沢が書いたのが、「圧政もまた愉快なるかな」という文章です。

イギリス人が中国人を圧制している姿を見て、

「我が帝国日本も、幾億万円の貿易を行って幾百千艘の軍艦を備え、日章旗を支那印度の海面に翻して、遠くは西洋の諸港にも出入りし、大いに国威を輝かす勢いを得たら、支那人などを御すること英国人と同じようにするだけでなく、その英国人をも奴隷のように圧制して、その手足を束縛しよう、と言う血気の獣心を押さえることが出来なかった」

と記しています。

他にも同年一二月七日から一二日にかけて書いた連載社説「東洋の政略はたして如何せん」では、次のように言っています。

「およそ人として権力を好まない物はない。人に制しらるるは人を制する愉快に及ばない。言葉を酷にして言えば、圧制を我が身に受ければこそ憎むべしと言うが、自分で他を圧制するのははなはだ愉快だと言うこと出来る」（全集第八巻　四三六ページ）。

それらの文章を読むと、二八歳のときに目の当たりにしたイギリスによる中国支配を見て衝撃を受け、自分もそのような「圧制」をしたいという望みを抱くようになったことが、「国権拡張」の考え方にもつながったと見て取れます。

他に「圧制もまた愉快なるかな」には、

「こんにち、我が輩が外国人に対して不平を抱いているのは、いまだに外国人の圧制を受けているからである。我が輩の願いは、この（外国人の）圧制を圧制して、世界中の圧制を独占したいと言うことだけである」

との記述が見られ、「東洋の政略はたして如何せん」の中には、

「英国の人間が海岸所轄の地に上陸し、または支那その他の地方においても権力と威力を振るって、土人（現地の人間に対する蔑視用語。当時の日本では普通に使われていた）を御するその状況は傍若無人、殆ど

同等の人類に接する物と思われず、当時我が輩はその有様を見て、ひとり心に思ったことは、印度支那の人民がこのように英国人に苦しめられるのは苦しいことであるが、英国人が威力と権力をほしいままにするのはまた甚だ愉快なことだろう、一方を哀れむと同時に一方をうらやみ、私も日本人だ。いつか一度は、日本の国威を輝かせて印度・支那の士人らを御すること英国人を見習うだけでなく、その英国人も苦しめて東洋の権柄を我が一手に握ってやろうと、壮年血気の時に、密かに心に約束して、いまだに忘れることが出来ない」

と、イギリス人をも自分の奴隷のようにして圧制を加えて、東洋の権柄を我が一手に握りたいという願望が綴られています。

こういう願いがあるからこそ、福沢諭吉は死ぬまで、「国権皇張」「国権拡張」を主張したのです。

国民国家形成のためのイデオロギー

福沢は単に「国権皇張」を主張しただけではありません。「近代天皇制」、「軍国主義」「大日本帝国」の基本的な思想をつくった人物でもあるのです。

明治政府は、薩長土佐の下級武士――今で言えばテロリストが「天皇」を抱えることで自らの権威を主張したものであって、「天皇」を玉として抱えている以外に、政権の正当性は何もありませんでした。政府としての正当性がないから、余計に自分たちの抱えた玉である「天皇」の権威を高める必要があったのです。

日本思想史の研究者・安丸良夫が、『近代天皇像の形成』（岩波書店、一九九二年）という著作の中で明治維新について、「薩長と一部の武家が幼い天皇の裏に隠れて政権を強奪したものである」、と指摘しています。

明治政府にはなんの正当性もないのです。天皇しか、彼らの権威を保証するものはありませんでした。福沢諭吉はその天皇の権威づけをおこなったのです。

福沢諭吉は『文明論之概略』第五巻で「日本には政府ありて国民（ネーション）なし」（全集第四巻 一五四ページ）と嘆いたように、日本という国を成立させなければいけないと思ったんですね。明治の日本の人々は、「国家」という概念を持っていなかった。明治時代の人たちにとって、「国」とは、甲斐の国とか、駿河の国とか、せいぜい自分たちの身の回りの狭い範囲のものを指すものであって、「おらが国」というようなものでした。日本全体を統一する「国家」という思想を持っていない人々が、「国民」として国のために命を捧げることなどあるはずがありません。

それで福沢は、天皇を頭にいだいた国をつくって、人々をその国民とする「国民国家」を作らねばならないと考えました。「国民国家」という言葉をあまり聞いたことがないかもしれませんが、現在、国連に加入している全ての国が「国民国家」にあたります。「国民国家」の特徴は、西川長夫の説によると、

（一）明確な国境の存在
（二）国家主権
（三）国民概念の形成と国民統合のイデオロギーの支配（ナショナリズム）
（四）こうした政治的・経済的・文化的空間を支配する国家装置と諸制度
（五）国際関係

という五つに分けられます。

とりわけ福沢諭吉が最も重要視したのは、「(三) 国民概念の形成と国民統合のイデオロギーの支配(ナショナリズム)」です。つまり、天皇を「国民統合のイデオロギー」としようとしたのです。

人々には知られていなかった天皇の存在

国民統合のイデオロギーを作るためには、天皇を頭に据えて、天皇を中心にみんな国民がまとまっていくという考えを作らなければならない。ところが明治になったばかりの頃の日本人のほとんどは、天皇の存在すら知りませんでした。

福沢諭吉も、『文明論之概略』第十章で「鎌倉以来の人民が王室(皇室)を知らなかったこと七〇〇年に近い」(全集第四巻　一八八ページ)と書いています。

困った明治政府は、天皇が京都にいてはしょうがないから東京に移そう、と言って、一八六八年に大々的な行列を作りながら京都から東京まで天皇を移動させたのです。途中でお酒をふるまったり、子どもにも褒美をやったりしてみんなの気を引いて、東京に着くと今度は町が丸ごと、酒などを与えられて、飲み踊って、気が付けば夜が明けていたようなありさまでした。その様子は、まるでお祭りのようなものでした。そこまでしないと、明治以前の日本人に天皇の存在を知らせることができなかったということです。

前述のように、当時の日本人は天皇のことを知らなかったので、政府は全国各地に、日本には天皇がいると説明した「人民告諭」を掲示しました。

例えば、奥羽人民告諭には「天子様は、天照皇大神宮様の御子孫様にて、此世の始より日本の主にましまして……」と書いてあります。一番不思議なのは、天皇の千年の都と言われている、天皇が実際に住んでいた京都でも「人民告諭」を出して、天皇の存在を知らさなくてはいけなかったということです。

京都で出された「人民告諭」には、「太古、天孫（＝天皇（天子様）の祖先）がこの国を開かれたとき以来、この国はありとあらゆるものを手にした。この国のあらゆるものは、すべて天子様のものである。お前が死ねば天子様の水で洗われ、死ねば天子さんの地に葬られる。この恩恵は我が身一代のものではない、この国の開闢以来、先祖代々、天子さんのおかげで子孫の代まで限りなく生活していけるのである」というようなことが書いてありました。

このような命令を出して、それまでみんな何も知らなかった天皇を宣伝したのです。

大逆事件による心理的脅迫

そのように天皇の存在さえ知らなかった明治以前の日本人からガラッと変わって、昭和の時代になると、天皇は国民ひとりひとりの心の中に入り込んで人々は天皇を畏れ敬うようになりました。そこには、大日本帝国による日本人の洗脳があったのです。

明治・大正・昭和にかけて、日本国民は小学校の頃から「教育勅語」を叩き込まれ、天皇・皇后の写真（ご真影）を神聖なものとして敬うように教育され、自分の生命や財産など何もかも天皇に捧げて、天皇のために死ぬことが、一番の名誉になるという教育がされました。さらに政府が天皇を人の心に植え付けるためには、暴力も用いました。

幸徳秋水たち四六名を殺害した「大逆事件」（一九一一（明治四四）年）では、天皇に逆らった暗殺計画を立てたというでっち上げの罪で彼らを捕らえ、死刑にしてしまった。一般人民は「大逆事件」がでっちあげだと気が付いていました。

作家の永井荷風は『濹東綺譚』という小説で有名ですけれども、私なんかは小説よりも彼の書いた日記

『断腸亭日乗』の方が面白く感じて、そればかりを読んでいます。ちょうど永井荷風は、大逆事件の「囚人」たちが連行されるところを見たんです。彼は「花火」の中でこう書いています。

「明治四十四年慶応義塾に通勤する頃、わたしはその道すがら、市ヶ谷の通りで囚人馬車が五六台も引続いて日比谷の裁判所の方へ走って行くのを見た。わたしはこれ迄見聞した世上の事件の中で、この折程云ふに云はれない厭な心持のした事はなかった。わたしは文学者たる以上この思想問題について黙してゐてはならない。小説家ゾラはドレフュー事件について正義を叫んだ為国外に亡命したではないか。然しわたしは世の文学者と共に何も言わなかった。わたしは何となく良心の苦痛に堪へられぬやうな気がした。わたしは自ら文学者たる事について甚しき羞恥を感じた。以来わたしは自分の芸術の品位を江戸戯作者のなした程度まで引下げるに如《し》くはないと思案した。」

江戸時代に「黄表紙」という本がありました。実に卑俗で大衆的な本です。自分がこれから出す本は「黄表紙」の品位にまで落とさざるを得ないと、彼は書いている。そう発言するほど、大逆事件はまったくの無実だということが永井荷風にはわかっていました。

無実であっても、天皇に従わない考えを持つ人間は殺してしまうのだ――。その恐ろしさを日本人民の心に植え付けるために、最初に行われたのがこの「大逆事件」です。加えて一九二五（大正一四）年には治安維持法という最悪の法律が成立しています。天皇の統治する国の形――これを「国体」というのですが、「国体」を転覆する者は、死刑に処するという法律です。死刑にされなくても、国体に逆らう意見を言えば、それだけで警察官は勝手に捕らえて、拷問にかけることができました。

小林多喜二という作家は、共産党の弾圧事件（三・一五事件）を題材に『一九二八年三月十五日』という小説も書いています。当時、言論は統制されていたので、小林多喜二の本でも文章の中の大事な部分が、××とか●●などの伏字で発表されていました。『蟹工船』など、そうした伏字だらけの小説であっても、それが国に逆らうものであるとして小林多喜二は逮捕され、一晩のうちに築地警察署内で拷問され殺されたのです。拷問された遺体はすさまじい状態でした。

しかも、東京大学の医学部も、慶応義塾大学の医学部も、特高警察を恐れて死体の解剖を断ったのです。一方で小林多喜二を惨殺した特高警察官に対しては、天皇から叙勲が与えられています。ちなみに、その警察官は戦後東京都北区の教育長になっています。妻は幼稚園を経営しました。

他にも、反戦川柳を書いた、鶴彬《つるあきら》という人がいます。「手と足を　もいだ丸太に　して返し」という句が有名です。戦争に行って、手と足を失ない胴体だけが残ってきたという意味です。他にも「胎内の　動きを知るころ　骨《コツ》がつき」という句は、夫の出征前に妊娠した妻が、ちょうど子どもがお腹の中で動くようになったころには、もう出征した亭主は死んで遺骨になって帰ってきたということを表しています。

鶴彬も特高警察に逮捕され、不思議なことに刑務所の中で赤痢に感染して、治療もされずに病院のベッドに縛られたまま亡くなりました。のちに、中国で人体実験をしていた悪名高い七三一部隊で医師をしていた人が証言しましたけれども、刑務所内で赤痢にかかるということはまずあり得ないそうです。しかも、刑務所内で治療もされずに死ぬというのもあり得ないことでした。つまり、刑務所内で七三一部隊と同じように赤痢菌を飲まされた疑惑もあるということです。

「天皇」をめぐる洗脳

このように、明治・大正・昭和二〇年までの日本人は、教育と暴力で天皇を敬う気持ちを抱くように洗脳されました。天皇が日本人の心まで支配するようになったのです。

私が言いたいのは、このように暴力を用いてなされていた一九四五（昭和二〇）年までの洗脳から、戦争が終わったからといって、簡単に解放されるわけにはいかないだろうということです。

戦後、軍隊や財閥は解散させられましたが、いまも三井・三菱・住友などは残っています。さらに、官僚組織が完璧に残存してしまいました。官僚組織の中には洗脳された人もたくさんいました。教科書の検定についても、その担当の文部省の役人は明治・大正・昭和期に洗脳された人間の子や孫にあたる人だったのではないでしょうか。

一九四五年の段階で成人していた人たちには、ほとんど「大日本帝国」の洗脳が行き届いていたと思います。洗脳が行き届いた人は、自分の子どもにもそういう洗脳を伝える。よって、子どもから孫へも、洗脳がなされます。安倍首相は、A級戦犯だった岸信介の孫でしょう。完全に洗脳を受け継いでしまっています。

洗脳というのは、人の心を暴力や教育によって侵して、一つの思想を精神の内部深く打ち込み、打ち込まれた人は全てその思想の命ずるままに行動するロボットのようになってしまう。自分では自発的に行動しているつもりでも、実は心の深くに打ち込まれた思想に支配されているのです。

その洗脳が解けないかぎり、自由な心を取り戻せません。

洗脳されてしまうと、洗脳されたそのときの時代に戻りたい、と願うようになります。安倍首相は三代にわたる洗脳の結果、昔の大日本帝国の世界、つまり福沢諭吉の言うような「強い国」に戻ろうとしているわけです。

問題は、明治・大正・昭和にわたって行われた「天皇に従わなければいけない」「天皇を畏れなければならない」という洗脳の影響が、現在の日本人にも程度の差こそあれ残っていることです。

みなさん、手を胸に当てて考えてみてごらんなさい。天皇に対して「こわい」とか「尊敬しなきゃいけない」という気持ちがどこかにあるんです。だからいまでも正月二日になると大勢の人が、皇居に行ってバンザイ、バンザイと言うのですよ。今度は天皇が退位するとなると、やっぱり大騒ぎですよ。退位したい人にはさせてあげればいいじゃないですか。大騒ぎするのは、天皇制に対する明治以来の洗脳が残っているからです。皆さんの心の中に天皇を畏れる気持ちが残っています。

私が『マンガ　日本人と天皇』（いそっぷ社、二〇〇〇年、画：シュガー佐藤）という本を書いたところ、周りの人たちから「なぜそんな本を出すんだ」、「おまえ、大丈夫か？　そんな本を出して、〝やられる〟んじゃないか」と言われました。

「何に〝やられる〟んだ？」と聞いても「わからないけれど」と言うのですが、そういうことを私に言う人はやはり洗脳が残っている人だったと思います。

私は漫画の原作者になって最初に書いた本は『男組』（小学館）という暴力漫画でしたので、『美味しんぼ』を書く以前は長い間「暴力漫画の雁屋哲」と呼ばれていたんです（笑）。そういう男ですから怖いもの知らずで、天皇のことだって何だっていくらでも自由に書けるはずなのですが、自分でこのように言い出してみると「まだ世間には昔の洗脳が残っているな」と非常に明確に感じます。

福沢諭吉の遺恨から逃れるために

これから私たちが自由になるためには、自分たちは洗脳されていると認識した上で、その洗脳から自分は自由になるぞと心に決めることが必要です。そうしなければ、安倍首相や「日本会議」が言うがままの日本になってしまいます。

安倍首相は洗脳されたままの人間です。日本を昔の「大日本帝国」に戻し、戦争をして国権を拡張し、勢力を伸ばしていこうと考えています。集団的自衛権を理由に仲間の国――と言っても、アメリカしかないんですよ――と一緒に戦いに行こうとしています。アメリカのために、アメリカの戦争に日本人を送って、日本人を殺させてしまおうとしているのです。

それにしても、安倍首相はアメリカの戦争に兵士を送って、戦争に参加することで、何かの利権をもらおうとしているのではないかと思われます。

このような利権は、結局「国権皇張」につながるわけです。私たちは、福沢諭吉が言ったような「国権皇張」「国権拡張」による軍国主義・帝国主義から逃れなければいけません。

天皇に対する恐怖を植え付けたのは大逆事件ですが、天皇を中心に国家全体で戦争をして天皇のため・国のために死ぬ、という意識を国民に植え付けたのは、日清戦争に他なりません。日清戦争について福沢諭吉は『時事新報』で「日本人は天皇のために死ぬこと」「軍は天皇にだけ仕えるもの」と説き続け、勝利にいたって喜びは頂点に達しました。

死去二年前の一八九九年に記した『福翁自伝』の終盤部では、こんなことを言っています。

「日清戦争など官民一致の勝利、愉快とも難有《ありがた》いとも云いようがない。命あればこそコンなことを見聞するのだ、前《さき》に死んだ同志の朋友が不幸だ、ア、見せてやりたいと、毎度私は泣きました。実を申せば日清戦争何でもない。唯是《ただこ》れ日本の外交の序開《じょびら》きでこそあれ、ソレほど喜ぶ訳《わ》けもないが、その時の情に迫《せま》れば、夢中にならずには居《い》られない。」

この「日清戦争の勝利」が後の日本を誤らせた、大きなつまずきの石であったのです。日清戦争当時、朝鮮の政治も腐敗していて「東学農民」が反乱を起こしていた。清国も権力争いが激しく、西欧の国から見たら格好の「獲物」でしかなかったわけです。当時の朝鮮王国と清国の政治の乱れに応じて、日本は攻め込み、結果的に勝利を得たにすぎません。

しかし、日本は、「一つの勝利の記憶」に酔ってしまい、自国の国力を正確に見極めることもせず、夜郎自大のまま自分の真の力に不相応で無謀な戦いを続け、一九四五年の破滅へとつながりました。

福沢は、初期に記した『文明論之概略』第一巻で、次のように言っています。

「純然たる独裁政府、あるいは権力を神に与えられたと主張する神権政治では、君主がその尊い由縁を天によるものとし、君子に尊さと武力を一身に持たせ、人間の行動を支配し、深く人心の内部を侵して、その行動の方法を定めるものである。今日の皇学者（天皇を崇拝する学を立てる学者）たちの言うように、政治と天皇を尊び祭り上げることを、ひとつのものとする考えで、世間を支配するとなったら日本の未来はない」（全集第四巻　二三、二六ページの要約）

こういうことを、かつては言っていたんです。それが、天皇を中心とした戦争に突き進むという考えの政治論を展開することになりました。福沢は、「日本人は天皇の臣民であり、一旦ことあれば天皇のために命を捧げなければならない」という教育勅語に感泣しています。

「軍人は帝室のためにだけ行動するべきである。（中略）軍人の内部の精神を制御し、その心を収攬する引力はただ、帝室の中心にあるものと知るべきである」（「帝室論」全集第五巻　二六八ページ）

「軍人一人一人の精神は帝室が直接に支配するものであって、生きるも死ぬも帝室のためであると覚悟を決めて、はじめて戦陣に臨んで一命をも捧げることが出来るのである。」（全集第五巻　二六九ページ）

と主張して、人心を「天皇崇拝」の方向に統制し、しかもそれによって「国権皇張」を目指したのです。日清戦争で、福沢諭吉は人々の先頭に立って戦争を煽り立てましたが、一九〇一年に亡くなったので、その後の日露戦争・満州事変・日華事変・太平洋戦争など一連の戦争には関わっていませんし、直接の責任もありません。

しかし、福沢諭吉は自らを「明治政府のお師匠様」だと自認していたわけです。政府は、福沢諭吉の言ったことを政策として取り入れていった。福沢諭吉の言うような天皇崇拝の論を徹底するために、暴力を使って日本人を洗脳したのが明治政府です。

明治・大正・昭和と三代にわたって政府は洗脳をつづけました。ここに連なるのが、安倍首相と「日本会議」の正体です。

私たちも、いまも洗脳が自分たちにも及んでいるのだと認識して、その洗脳から一刻も早く自由になるために努力しようじゃありませんか。

あとがき

雁屋哲さんがシドニー在住という制約がありますが、二〇一七年も可能なら二回程度、「一万円札からの福沢の引退を求める三者合同講演会」を開催したいと思います。つきましては、開催地を全国公募します。名古屋三〇〇名余、東京三五〇名余の参加者という経験から、希望としては、二五〇名程度の参加者を目ざしていただき、参加目標の多い地域から優先して、開催地を決めさせていただきます（申し込みは、末尾記載の安川の住所宛にお願いします）。当方からの希望としては、原則、三人の（杉田は帯広、雁屋は横須賀、安川は名古屋からの）交通費は、開催地での負担をお願いします。

三者合同でなくても、杉田聡・安川寿之輔の二人とか単独の一人講演会でもいいという場合は、杉田聡が現職（帯広畜産大学）という制約だけですから、三者合同に比べると、容易に希望に応えられます（目下、五月の埼玉での安川講演は決定）。その場合でも、会場では、三人の福沢諭吉関係書の原則二割引き（『マンガ・まさかの福澤諭吉』上下二冊は三〇〇〇円！）の販売は続けたいと思います。

あわせてのアナウンスですが、福沢諭吉神話の解体をうながす三人の福沢関係書の普及のために、講演会会場とかかわりなく、「安川書店」にＦＡＸ（専用、０５２-７８３-２２９１）で申し込んでいただければ、原則、定価二割引き、送料安川負担で送らせていただきます。

ただし、『マンガ・まさかの福澤諭吉』は、上下二冊で約八〇〇頁の大型荷物になるので、安川へのＦＡ

X依頼を出版社（遊幻舎）に転送して、三一〇〇円（店頭価格なら三八八八円）のご負担だけで、同社から発送していただきます（振込用紙同封）。

時期は未定ですが、将来、大蔵省印刷局あての「一万円札の肖像からの福沢諭吉の引退を求める全国署名運動」に着手する予定で、その際のいわゆる有識者の「賛同人」を募集しています。

慶応大学名誉教授のお二人を筆頭に、すでに約五〇名の全国の皆さんに承諾を得ています。ただ、これまでは、安川寿之輔の個人的なつながりでの知人・友人の賛同にとどまるという傾向の制約があります。ひろく多くの皆さんの「賛同人」参加を期待します。

昨年一二月四日の東京合同講演会の案内ビラの裏面に、〈戦後つくられた「福沢諭吉神話」ってなぁに？〉という小文を掲載しました。大半の参加者にとっては、「まさかまさかの福沢諭吉」像が、短時間で理解できる「知られざる福沢の思想と素顔」ということで好評でした。アンケートでの注文もあり、一部に追加・補足をして再掲します。

〈戦後つくられた「福沢諭吉神話」ってなぁに？〉

福沢は人間平等論者のウソ

「天は人の上に人を造らず、人の下に人を造らず」の平等論者と誤解されている福沢諭吉は、日本の民衆一般を「馬鹿と片輪《かたわ》」と蔑視しただけでなく、「百姓町人の輩《やから》は……獣類にすれば豚の如きもの」と主張した。その福沢は、アジアへの武力行使と侵略を合理化するために、アジア諸国の未開と野蛮を強調した。

今日では「ヘイトスピーチの元祖」（ＩＷＪ社）と知られるようになっている福沢諭吉は、朝鮮が「小野蛮国にして……我属国と為《な》るもこれを悦ぶにたらず」「朝鮮……人民は正しく牛馬豚犬」「チャンチャン……皆殺しにするは造作《ぞうさ》もなきこと」「支那兵……と戦う……じつは豚狩のつもりにて」「無知蒙昧《もうまい》の蛮民《ばんみん》」の台湾人は、「殲滅《せんめつ》の外に手段なし」などと主張した。

また、「天は人の上に人を造らず」の主張者と誤解されている福沢は、明治日本には「愚民を籠絡《ろうらく》する」詐術の（人の上の）天皇制が必要と主張し、日本の兵士に天皇のための戦死を求め、兵士が「以て戦場に斃《たお》るるの幸福なるを感」覚出来るように、靖国神社の軍国主義的な政治利用も提言した。

平等では、社会はうまく治まらないと主張

男女同権や「教育の機会均等」に一貫して反対した福沢は、この世で「最も恐る可きは貧にして智ある者なり」と主張して、高等教育は「専ら富豪の子弟を教るの門」にするように主張した。というより福沢は、そもそも人間を平等にしたら社会がうまく治まらないという哲学まで主張した、その意味での確信犯的な差別主義者でした。

丸山真男が誤読した！「一身独立して一国独立する」

「一身独立して一国独立する」は、丸山真男によって「明るい明治」を象徴する定式として絶賛され、（一時期の家永三郎をふくむ）ほぼ全員の福沢研究者がその致命的な誤読に追従した。しかし、福沢自身は、この定式で「国のためには財を失ふのみならず、一命をも抛《なげう》て惜むに足ら」ない国家主義的な「報国の大義」を

主張していた。

だからこそ、戦争国家への道をいま暴走している安倍晋三首相は、〈「強い日本」を創る〉施政方針演説（二〇一三年）の冒頭に、この定式を引用した。

明治の同時代人からは批判されていた

「富国強兵」に反対し「強兵富国」のアジア侵略路線を先導した福沢は、明治の同時代人からは、「我日本帝国ヲシテ強盗国ニ変ゼシメント謀ル」アジア侵略の道のりは、「不可救ノ災禍ヲ将来ニ遺《のこ》サン事必セリ」ときびしく批判されていた。有名な福沢批判の決め台詞は、「法螺を福沢、嘘を諭吉」。

格差社会の先取りも

「今の社会の組織にては、……貧はますます貧に沈み……貧乏人に開運の日は無かるべし。……富豪の大なるものをして益々大ならしめ」よ、と主張した福沢は、今日の「格差社会」への道を先取りした富豪向けの学者だ。

植民地獲得は「世界人道のため」？

「韓国併呑《へいどん》」の可能性を予告し、「満蒙《まんもう》は我国の生命線」発言の先駆者であった福沢は、中国の半植民地化が進む時代に、帝国主義諸国による植民地獲得は「世界人道のため」と主張して、日清戦争に続く日本の膨張主義への道を励ました。

私たち三人は、司馬遼太郎＝丸山真男流の分断史観に反対

日本の近代史を「明るい明治」と「暗い昭和」に分断する司馬遼太郎＝丸山真男流の史観ではなく、私たち三人は、日本の近代化の道のり総体の「お師匠様」を自負した福沢諭吉のもとで、「明るくない明治」が「暗い昭和」につながった、という常識的な日本の近代化の道のりを考えています。

福沢は家父長制的な女性差別論者（「福沢の女性観が省略されたことが残念」というアンケートに応えて追加）

「男は仕事、女は家庭」の性別役割分業を自明の前提とした福沢は、女性の参政権と労働権に反対。売買春の公娼制度の必要性を強く主張した彼は、「温和良淑」「優美」「柔順」の女性の「美徳」養成のための女子特性教育論を主張。女子の郷里を離れての進学や恋愛結婚に反対した福沢は、「離婚の自由」を否定した「偕老同穴《かいろうどうけつ》」論を主張した（ただし以上の見解は、まだ異端的存在で、福沢は「男女の同権」や「女性の解放」を説き続けた「男女平等」論者という寝惚けた見解が、今も福沢女性論の定説的見解である。日本の学問はこれほど遅れていて、「福沢諭吉神話」を支えています。性差別不感症の学問よ！　恥を知れ‼）。

〈福沢講演会の申込みや「安川書店」の連絡先〉
〒464-0028　名古屋市千種区東明町5-22-2
安川　寿之輔
FAX 052-783-2291／電話 052-781-4585
メール yasukawa@sa.starcat.ne.jp

安川寿之輔（やすかわ・じゅのすけ）
1935年、兵庫県生まれ。神戸大学教育学部、名古屋大学大学院博士課程修了。教育学博士。宮城教育大学、埼玉大学、名古屋大学教養部・情報文化学部での勤務を経て、名古屋大学名誉教授。「不戦兵士・市民の会」副代表理事。
著書に『増補・日本近代教育の思想構造——福沢諭吉の教育思想研究』（新評論）、『福沢諭吉のアジア認識——日本近代史像をとらえ返す』、『福沢諭吉と丸山眞男——「丸山諭吉」神話を解体する』、『福沢諭吉の戦争論と天皇制論——新たな福沢美化論を批判する』、『福沢諭吉の教育論と女性論——「誤読」による＜福沢神話＞の虚妄を砕く』、『増補改訂版・福沢諭吉と丸山眞男』（高文研）、『十五年戦争と教育』（新日本出版社）、『女性差別はなぜ存続するのか』、『日本の近代化と戦争責任』、『日本近代教育と差別（編著）』（明石書店）、『大学教育の革新と実践』（新評論）など。

雁屋　哲（かりや・てつ）
本名、戸塚哲也。1941年、中国・北京生まれ。東京大学教養学部基礎科学科で量子力学を専攻。卒業後、電通入社。3年9カ月で退社後、劇画原作者として活躍。1983年より『美味しんぼ』（画、花咲アキラ）連載開始（第32回小学館漫画賞受賞）。1988年より「教育難民」として、オーストラリア・シドニー在住。
原作担当漫画に『マンガ・まさかの福澤諭吉』『マンガ日本人と天皇』（画、シュガー佐藤）、『男組』（画、池上遼一）、『野望の王国』（画、由起賢二）ほか多数。著書に『美味しんぼの食卓』（角川書店）、『雁屋哲の美味しんぼ列島』（日本放送出版協会）、『日本人の誇り』（飛鳥新社）、『美味しんぼ塾』『同 II』（小学館）、『美味しんぼ食談』（岸朝子と共著）、『シドニー子育て記』、『頭痛、肩コリ、心のコリに美味しんぼ』、『美味しんぼ「鼻血問題」に答える』（遊幻舎）など。

杉田　聡（すぎた・さとし）
1953年、埼玉県生まれ。帯広畜産大学教授（哲学・思想史）。
著書に『福沢諭吉と帝国主義イデオロギー』（花伝社）、『天は人の下に人を造る——「福沢諭吉神話」を超えて』（インパクト出版会）、『福沢諭吉 朝鮮・中国・台湾論集——「国権拡張」「脱亜」の果て』（明石書店）、『人にとってクルマとは何か』（大月書店）、『野蛮なクルマ社会』（北斗出版）、『クルマが優しくなるために』（ちくま新書）、『クルマ社会と子どもたち』（岩波ブックレット、共著）、『男権主義的セクシャリティ』（青木書店）、『クルマを捨てて歩く！』（講談社プラスα新書）、『道路行政失敗の本質』（平凡社新書）、『レイプの政治学』（明石書店）、『「日本は先進国」のウソ』（平凡社新書）、『AV神話』、『買物難民』（大月書店）、『カント哲学と現在』（行路社）、『「買物難民」をなくせ！』（中公新書ラクレ）、『逃げられない性犯罪被害者』（青弓社、編著）、『「3.11」後の技術と人間』（世界思想社）など。訳書にH・J・ペイトン『定言命法』（行路社）。

さようなら！福沢諭吉 Part 2——なぜ、いま福沢が問題なのか？

2017年3月15日　　初版第1刷発行

著者 ———安川寿之輔、雁屋　哲、杉田　聡
発行者 ——平田　勝
発行 ———花伝社
発売 ———共栄書房
〒101-0065　東京都千代田区西神田2-5-11出版輸送ビル2F
電話　03-3263-3813
FAX　03-3239-8272
E-mail　kadensha@muf.biglobe.ne.jp
URL　http://kadensha.net
振替 ———00140-6-59661
装幀 ———生沼伸子
印刷・製本—中央精版印刷株式会社
©2017　安川寿之輔、雁屋哲、杉田聡
本書の内容の一部あるいは全部を無断で複写複製（コピー）することは法律で認められた場合を除き、著作者および出版社の権利の侵害となりますので、その場合にはあらかじめ小社あて許諾を求めてください
ISBN 978-4-7634-0803-7　C0036

さようなら！福沢諭吉

日本の「近代」と「戦後民主主義」の問い直し

安川寿之輔・雁屋 哲・杉田 聡 著　　定価（本体 1000 円＋税）

●帝国主義者・福沢の１万円札からの引退を

「戦争ができる国」になろうとしている今、日本近代化の原点に立つ福沢諭吉は民主主義者か侵略主義者か？　戦後民主主義を担った知識人による世紀の福沢誤読を正す！　『美味しんぼ』作者・雁屋哲のマンガ『まさかの福澤諭吉』の一部を特別収録！

福沢諭吉と帝国主義イデオロギー

杉田 聡 著　　定価（本体 2200 円＋税）

●〝近代日本の祖〟の虚像を暴く！

安倍晋三・自民党改憲案・日本会議――

脈々と現代に受け継がれる福沢諭吉の思想。

その本質は、アジア侵略・人種差別・軍備増強からなる「体系的帝国主義イデオロギー」だった。